I0474354

CONSTRUYENDO UNA CULTURA EMPRENDEDORA DESDE EL MODELAMIENTO ESTRATÉGICO

Fernando Suárez Galvis. Jorge Vengoechea Orozco
Dougglas Hurtado Carmona. Carlos Llanos
Goenaga. William Niebles Nuñez

Construyendo una cultura emprendedora

desde el modelamiento estratégico

Construyendo una cultura emprendedora desde el modelamiento estratégico

Fernando Suárez Galvis. Jorge Vengoechea Orozco. Dougglas Hurtado Carmona. Carlos Llanos Goenaga. William Niebles Nuñez.

Editor: Jorge Luis Bilbao Ramírez

© 2017, Copyright Primera Edición
ISBN: 978-0-244-33934-0

Contacto:
Publicaciones Científicas
Universidad Metropolitana
publicacionescientificas@unimetro.edu.co
fssuarez866@gmail.com dougglas@gmail.com jvo001@yahoo.es

Portada: Adaptada de Business Mann plant seinen Erfolg, Autor: ©. Robert Kneschke Contenido: #111561292. Fotolia.com.

Ninguna parte de esta publicación, incluido su diseño de portadas e ilustraciones, puede ser reproducida, almacenada o transmitida de manera alguna ni por ningún medio de cualquier especie sin permiso previo del editor.

DEDICATORIA

A Dios quien guía nuestro camino y hace sentir que existimos para cumplir la tan anhelada misión que nos trajo a este mundo.

A nuestras respectivas familias por el apoyo incondicional para alcanzar nuestras metas y el sacrificio que hacen día a día para permitir ceder parte de su tiempo en aras a nuestro crecimiento personal y profesional.

A todas aquellas personas que de una u otra manera han hecho posible la edición de este libro.

Los Autores

AGRADECIMIENTO

Un especial agradecimiento a las instituciones que participaron en esta investigación, en el accionar y actuar de sus autoridades, especialmente al Decano de la Facultad de Ciencias Económicas y Administrativas, por el apoyo recibido, para poder desarrollar el proyecto de investigación que hoy da como uno de sus frutos: la edición de esta obra.

Al personal de la Institución, que hizo parte de los informantes clave, a la hora de recolectar la información requerida en la investigación. Gracias por esos aportes tan valiosos.

A los estudiantes que emitieron sus oportunas opiniones para fortalecer la triangulación de datos analizados.

A todos Infinitas Gracias

CONTENIDO

Prologo

A la hora de hacer referencia al término cultura emprendedora, es importante retroceder en el tiempo, a los fines de comprender cuál es su origen y como ha sido su evolución. Porque si de algo estamos seguros, es que la cultura emprendedora tuvo sus manifestaciones desde tiempos remotos, por cuanto la necesidad de innovar del ser humano, siempre ha estado presente, es parte de su naturaleza como ser pensante. La manera de satisfacer sus necesidades estuvo y estará impregnada de creatividad en cada una de sus innovaciones.

Entonces a ¿qué nos referimos cuando hablamos de cultura emprendedora?, la respuesta es fácilmente identificable, estamos haciendo hincapié en la idea, que, para desarrollar mejores y nuevas oportunidades de trabajo, así como para elevar el nivel competitivo de una población, se requiere construirla a partir de un modelamiento estratégico.

Tomando como premisa lo planteado por Amaru (2008), cuando señala que la necesidad del colectivo de lograr independencia y estabilidad económica, es lo que le ha dado mayor auge al emprendimiento hoy en día, por una parte, debido a los altos niveles de desempleo, por otra, en relación a la baja calidad de los empleos existentes, hechos que han generado en las personas, la necesidad de iniciar sus propios negocios, obtener sus propios recursos, y pasar de ser empleados a ser empleadores.

Reforzando que lo expresado con anterioridad solo es posible, si el hombre manifiesta un espíritu emprendedor, el cual requiere de una gran determinación para renunciar a la estabilidad económica que ofrece un empleo, para de esta manera aventurarse como empresario, aunque debe considerar que el emprendedor no siempre gana como si lo hace el asalariado, el cual tiene seguro su ingreso, que en algunos casos a pesar de ser mínimo le permite vivir.

De acuerdo al autor en referencia, la situación mencionada es común en muchos países, especialmente los Latinoamericanos, donde una gran cantidad de profesionales la única opción que tienen para obtener un ingreso acorde, es mediante el desarrollo de un proyecto propio, este argumento se sustenta en el hecho de que en gran parte de las economías de estos países, la tasa de desempleo es muy alta, en tal sentido, es imperioso que las políticas de estado a nivel educativo se dirijan construir una cultura emprendedora que permita mejorar la calidad de vida de la población.

Por otro lado, revisando algunos de los autores que soportan esta obra, encontramos a Allen et al (2012), quienes consideran que los gobiernos han entendido la importancia del emprendimiento, al punto de iniciar programas de apoyo a emprendedores, para ayudarles en su propósito de crear su propia unidad productiva, algunas de orden ideológico social, otras de orden productivas, además es importante connotar que la mayoría de estos países, tienen entidades dedicadas a la promoción y creación de empresas entre profesionales, y entre quienes tengan conocimiento suficiente para poder ofertar un producto o un servicio.

Agregando que, en estas circunstancias económicas, resulta provechoso para muchas personas, especialmente para familias, el emprendimiento, en lamedida en la cual se les permite emprender proyectos productivos, con los cuales puedan generar sus propios recursos, y mejorar su calidad de vida; bajo esta premisa se podrá salir triunfador en situaciones de crisis. Por lo tanto, el emprendimiento es el camino más idóneo para crecer económicamente, ser independientes y tener una calidad de vida acorde a nuestras expectativas.

En función de la importancia del tema y revisado el contenido de esta obra, felicito a sus autores, quienes demuestran en cada una de sus líneas, el interés por ofrecer a la comunidad estudiantil de las instituciones universitarias públicas del municipio de Soledad Atlántico, un cumulo de referentes teóricos y estrategias que les permitirá avanzar en la construcción de esa anhelada cultura de emprendimiento. Por ello invito a los lectores para que hagan un recorrido por tan interesantes contenidos.

Dra. Cira de Pelekais

cpelekais@gmail.com

Introducción

Construir una cultura de emprendimiento desde el modelamiento estratégico, contribuye a direccionar los esfuerzos en la vía seleccionada, garantizando resultados a corto y mediano plazo. Esta afirmación tiene su fundamento en las implicaciones del término, puesto que, al hablar de modelamiento estratégico, necesariamente se hace referencia al ejercicio realizado por las organizaciones empresariales o no, en aras de definir tanto las estrategias como las acciones tácticas requeridas para desarrollar de manera efectiva la gestión que se pretende llevar a cabo.

Por ello, resulta indispensable concretar el modelo y priorizar las estrategias con el ánimo de alcanzar una mayor viabilidad al momento de alcanzar las metas propuestas. En este sentido, las iniciativas que han tenido algunas instituciones universitarias con el desarrollo de una cultura de emprendimiento, aun cuando no ha dado los resultados esperados, por desconocimiento o poca utilidad, revisten vital importancia para las instituciones universitarias públicas del municipio de Soledad Atlántico, organizaciones que ha manifestado interés por el mejoramiento continuo y la calidad de todos sus procesos.

Por lo tanto, al considerar que el modelamiento estratégico tiene como base el análisis y una dosis de intuición, representa un punto de equilibrio en los procesos, por su flexibilidad para permitir y en ciertos momentos forzar modificaciones en lo planificado a fin de responder a los cambios que se puedan producir.Con respecto a lo expresado, el interés por el tema y la práctica del emprendimiento en Barranquilla, en las dos últimas décadas, es consecuencia de la desocupación de una porción de la población, pero también de la búsqueda de nuevas opciones de trabajo al margen del Estado y de las tradicionales empresas privadas. Más allá del emprendimiento promovido desde los países industrializados, en el país la reflexión sobre las iniciativas económicas de la población poco a poco va tomando vigencia.

Existe un sector de la población que al emprender suele hacerlo con base a proyectos sobredimensionados, buscar rápidos resultados, con escasa conciencia de costos y un manejo muy limitado de las adversidades, de allí la necesidad de formular unos lineamientos que puedan guiar de manera eficiente y efectiva este proceso, siendo las instituciones universitarias las organizaciones por excelencia para hacerlo. De allí, que en este trabajo se profundiza el estudio de aspectos que soportan cada uno de los elementos analizados, a los fines de concretar el propósito planteado, el cual esta direccionado en la construcción de una cultura de emprendimiento desde el modelamiento estratégico, que integre las acciones requeridas para posicionar en el entorno sociocomunitario las instituciones universitarias públicas del municipio de Soledad Atlántico.

En ese sentido, el libro que se presenta está estructurado en siete capítulos, a través de los cuales se hace un recorrido por todo el acontecer de la investigación que soporta esta socialización. Iniciando con un acercamiento a la realidad de los hechos, en donde se explica la motivación para desarrollar este trabajo y cuál es la realidad abordada. De inmediato se hace una revisión de experiencias previas para conocer el estado del arte de las categorías analizadas. En el siguiente capítulo se analiza lo referente a la cultura del emprendimiento para continuar con el emprendimiento.

Más adelante, en el Capítulo V se desarrolla el contenido de la planificación estratégica hasta llegar modelamiento estratégico. Siguiendo con una revisión del camino metodológico. Después se llega al punto de los resultados esperados, para posteriormente dar entrada al Epilogo. Seguidamente se presentan las sugerencias, en donde se formulan los lineamientos estratégicos recomendados, cerrando con las referencias bibliográficas que soportan el trabajo presentado.

Finalmente, invitamos a todos los interesados en el tema, que den lectura a los contenidos aquí esbozados.

Capítulo I: Acercamiento a la realidad de los hechos

Durante muchos años se han venido presentando variaciones que afectan a las instituciones universitarias, incidiendo de forma directa en la estructura y dinámica de la educación, lo cual genera situaciones coyunturales dependiendo del entorno y otros elementos influyentes en las acciones estratégicas de este tipo de organización, debido a esta situación imperan estrategias posiblemente no alineadas a las intenciones, cuyo objeto es alcanzar los propósitos deseados, para sobrevivir a esos elementos o factores que afectan su gestión, sin contar la nueva forma cambiante de mirar a las personas dentro de la organización como líderes en cada uno de los procesos o funciones que desarrolla o laboran dentro de ellas.

En este sentido, los cambios provocados han contribuido al progreso de estrategias, con nuevos enfoques para direccionamientos de gestiones en las organizaciones universitarias. Aunado al hecho que muchos de los Rectores de estas instituciones, por temor a los riesgos causados por los cambios, prefieren seguir con las aplicaciones de las estrategias ya conocidas, lo cual produce una cultura de resistencia al cambio, para las mejoras de las funciones dadas, coadyuvando el éxito de estas, debido a los retos a enfrentar en los tiempos actuales referidos a como se estructura e implementa en este tipo de empresas en el sector educativo , este contexto es generalmente dado por los países latinoamericanos que perpetúan su misión, para garantizar el desempeño a partir de lo social hasta lo ético.Por otro lado, es lamentable el empobrecimiento así como la marginalidad social que se visualiza en los países latinoamericanos y el crecimiento desproporcionado de la sociedad de conocimiento y la información, todo ello produce una diferencia entre las políticas educativas que promueven avances distintos dependiendo del entorno y las caracterizaciones prioritarias que determinan las decisiones además de las acciones de los esfuerzos nacionales, de un país como es el caso de Colombia.

Sustenta lo expresado por Gibb y Hannom (2007) cuando señalan que las variaciones presentadas por las presiones de la globalización en los sistemas económicos conllevan a un considerable esmero por los constructores de políticas alrededor del mundo, cuyo objeto es impulsar la educación referido al emprendimiento, teniendo en cuenta las divergencias sociales generadoras de cambios en los entornos por los diferentes entes educativos, los gobiernos y organizaciones de carácter privado y público de los países de Latinoamérica, pretendiendo buscar cambios en la educación superior; aunados al emprendimiento.

Los primeros indicios en el tema del emprendimiento se dieron a partir del año 1947 en el contexto colombiano, haciendo posible la incursión de los primeros cursos del conocimiento en lo referido a la enseñanza y el aprendizaje, en realidad a pesar de la fecha mencionada, el emprendimiento se viene trabajando en los años recientes en donde existe la preocupación por las instituciones de Educación superior sobre el tema en lo referente al campo del conocimiento, en el cual se intenta entender al emprendedor de manera sistémica, examinando sus impactos en los procesos empresariales.Asimismo, con la divulgación de la Ley 1014 , enero 2 del 2006, se fortalece el progreso de una cultura en emprendimiento, cuya caracterización es formar emprendedores en todas las áreas del conocimiento , con la finalidad de implantar una cultura emprendedora en las diferentes organizaciones con actividades específicas en el mercado, teniendo como fin desarrollar en los individuos habilidades para ser competitivos en las ámbitos donde se desenvuelven, ya sean estas competencias laborales , ciudadanas o empresariales, que se encuentran forjadas dentro de un sistema de educación formal y en aquellos casos donde la formación sea de carácter no formal con el fin de incorporar a las personas al sector productivo.

En tal sentido, uno de los principales retos que se presenta en las universidades, es precisamente el tradicional sistema de enseñanza que han impartido a los estudiantes; cuyos atributos se ve reflejado en las distintas caracterizaciones propias de todo emprendedor, por lo tanto, es un insumo valioso para cualquier organización, ya sea esta en educación o cualquier otro plano de la actividad productiva.

En este sentido, uno de los principales problemas de las instituciones universitarias, es que probablemente existan acciones provenientes de los planes estratégicos, pero que se encuentran separadas aun perteneciendo al mismo departamento, pero subdividida por sub-departamento con planes específicos y un propósito igual, esto ocurre posiblemente en cualquier organización, debido a que los individuos piensan de manera individual y no de forma colectiva, obstaculizando alinear sus acciones con el propósito de crear hábitos culturales en el tiempo.

Según el Ministerio de Comercio, Industria y Turismo, así como la Asociación Colombiana de Universidades (2014), todas estas situaciones han causado limitaciones a la enseñanza y el aprendizaje para encaminar un direccionamiento, con respecto a los procesos administrativos y sobre todo en lo didáctico para construir en el entorno un espíritu emprendedor, entre los estudiantes en las instituciones de formación (IES), por tal motivo aquellos esfuerzos económicos y compromisos adquiridos por las universidades, se delinean de forma ineficiente, cuyo objetivo real es perseguir una cultura de emprendimiento.

Por otra lado, como resultado de una observación empírica del investigador en las Universidades localizadas en la ciudad de Barranquilla, se pudo evidenciar limitación en el desarrollo de competitividad, debido a la falta de recursos por parte del gobierno y otros estímulos que ayuden a impulsar el desarrollo de ideas por medio de implementaciones tecnológicas, acceso a créditos flexibles, entre otros; siendo importante destacar que no solo estos elementos contribuyen a desacelerar el proceso de implementación de una cultura emprendedora en estas organizaciones, sino se le atribuye también la desmotivación generalizada por parte de todos los colaboradores que ejecutan el servicio. Por tal motivo, es necesario involucrar a todos para la toma de decisiones, integrando a ello la comunicación, para tener una mejor información en lo concerniente a lo sucedido dentro de las organizaciones.

No obstante, la gestión implementada en las acciones sin una buena comunicación se torna ineficiente, en el desarrollo de las prácticas laborales, sobretodo, en el surgimiento de nuevas ideas que favorezcan a los miembros de la organización, debido a la escasez de buenos canales de comunicación.

De lo expresado, se infiere que al no implementarse una buena estrategia para el desarrollo de acciones en correspondencia con los propósitos deseados por cada Institución, en lo concerniente a la enseñanza y aprendizaje implementada según los programas aprobados por el ente rector del proceso, la cual debe fundarse sobre los propósitos establecidos de acuerdo a la organización y la incidencia que pretende causar a los estudiantes, sobre la importancia del tema en su formación, para lograr cambios de estructura y buscar resultado que sean visibles en la organización.

En correspondencia con lo expresado, el Ministerio de Educación (2015), hace referencia sobre el hecho evidenciado que, en algunas instituciones universitarias, posiblemente existe abandono en la continuidad de gestión de los recursos, debido a carencia financiera y económica, elemento este, de suma importancia al momento de iniciar un plan estratégico o diseñar estrategias que sumen sostenibilidad y permanencia a las acciones encaminadas en el direccionamiento estratégico.

Por otra parte, la mayoría de la universidades poseen un modelo de estrategias para direccionar sus acciones, con las cuales pretende alcanzar los objetivos establecidos, implantando una cultura a lo largo del tiempo con la finalidad de crear hábitos éticos y morales para un buen desempeño, la idea es que persigan siempre, metas por medio de indicadores de medida, con el fin de sostener una alta calidad en la formación y darle sostenibilidad si se encuentra acreditada , es así, como las instituciones buscan generar posiblemente asentamientos de cultura pero con un ingrediente de suma relevancia que es el pensamiento emprendedor.

En este sentido, se percibe que las organizaciones de Educación Superior en la ciudad de Barranquilla, buscan construir una cultura de emprendimiento desde un modelamiento estratégico, con el fin de ser más competitivas, no obstante, en las universidades de gestión privada, puede ocurrir el hecho de establecer sin mucha burocracia el presupuesto necesario para generar estímulo entre las personas que se encuentran dentro de ellas, no así en las de gestión pública porque dependen de un presupuesto aprobado por la autoridad en materia educativa.

Todas estas situaciones, en cierta forma, obstaculizan la toma de decisiones acertadas, siendo uno de los elementos que más transgrede al colaborador, debido a que no tiene la información suficiente, lo cual torna al individuo ineficaz probablemente en sus gestiones, afectando de forma relevante su gestión en la práctica laboral, consecuencia de no tener claro la información de las estrategias implementadas en la IES, con desconocimiento de las estrategias diseñadas por la organización y posiblemente más grave aún, desconocen las estrategias diseñadas por su departamento, o por su facultad en el caso de las instituciones de ES.

Lo expresado no sucede solo en Colombia, también hay otros países como México en donde se empezó a introducir este tema, ya que el índice de empleo mostraba contracción, de allí que se tomó la decisión de motivar a las personas a crear y emprender nuevas empresas para ofrecer empleos y crear un mayor desarrollo empresarial. Partiendo que emprender, en un sentido amplio, apunta a tomar decisiones con algún riesgo; en un sentido más restringido, a crear empresas, donde el riesgo es mayor. En ambos casos planteamientos económicos que la escuela puede despertar, alentar o fortalecer.

Capítulo II: Revisión de experiencias previas

Busto et al (2008) citado por Robles y Pelekais (2015), publicaron un artículo intitulado "Más allá de la gestión estratégica en Educación Superior: Aplicación del Cuadro de Mando Integral", en el cual fueron identificadas las herramientas estratégicas como instrumento, cuyo objetivo se caracteriza por los planes estratégicos como modelos para la utilización de plataformas en las que se mide el desempeño de la Universidad.

El estudio se realizó a la Universidad de la Fronteras, junto con varias universidades de las distintas ciudades en Colombia, el cual se desarrolló bajo un análisis realizado por medio del comportamiento de las personas, con el objeto de lograr identificar los distintos tipos de estrategias, que establecieron una serie de indicadores, en el que se describe el desempeño y se concluye la dispersión de pensamientos en las acciones, con respecto a los propósitos a lograr. En este sentido, se hace alusión a la utilización del Cuadro de Mando Integral CMI, con un estudio de campo, buscando las ventajas competitivas necesarias para mantenerse en el mercado (Servicio y desarrollo para la Educación).

Galindo y Echeverría (2011) trabajaron un artículo intitulado "Diagnóstico de la cultura emprendedora en la Escuela de Ingeniería de Antioquia". En razón de ello, el área de Emprendimiento identificó la necesidad de promover la cultura emprendedora en la comunidad, para lo cual se requería, en primer lugar, hacer el diagnóstico de su existencia. Inicialmente, se ejecutó un recorrido teórico con el fin de homologar los conceptos de cultura, espíritu emprendedor y cultura emprendedora, lo que permitió a los autores, identificar los seis componentes del espíritu emprendedor que fueron evaluados: forma de pensar, razonar y actuar centrada en las oportunidades; consideración del riesgo; creatividad e innovación; generación de valor; proactividad, y búsqueda de información.

Estos componentes fueron analizados a partir de encuestas y entrevistas en profundidad, para identificar las percepciones que sobre ellos tenían los integrantes de la comunidad, lo cual dio como resultado que la comunidad EIA posee dichos componentes en diferentes niveles de desarrollo. Recomendando como trabajo futuro efectuar el diagnóstico periódico de la cultura emprendedora a fin de validar los avances en su desarrollo.

Complementando lo expresado, Del Pilar (2011) en su artículo "Educación en emprendimiento: fortalecimiento de Competencia Emprendedora en la Pontificia Universidad Javeriana Cali", realizan un estudio sobre el fortalecimiento curricular en emprendimiento en las universidades, como proposición del modelo universitario con la finalidad de robustecer las competencias de emprendimiento, que lleva implícito en sí una serie de caracterizaciones para definir la cultura de los individuos en la organización y además contribuyen al fortalecimiento enseñanza – aprendizaje, que complementa la metodología en creación de ideas.

Concluyendo que, en la Universidad Javeriana, mediante la aplicación de estudios curriculares se implementa la transversalidad del emprendimiento, con la finalidad de creación de cultura desarrollo competitivo y la formación de los estudiantes, efectuando cambios de hábitos en las personas, mediante su quehacer diario.

Por su parte, Pérez (2011) realizó una investigación titulada "Emprendimiento como estrategia gerencial en instituciones educativas", la cual tuvo por objeto analizar el emprendimiento como estrategia gerencial en las instituciones educativas de Barranquilla, Colombia. Basada en una investigación descriptiva enmarcada en su diseño en un estudio de campo no experimental transaccional, se utilizó la técnica de estudio de observación por encuesta y como instrumento el cuestionario dirigido a la escala convencional tipo Likert, en cuanto a la validez del instrumento se utilizó la evidencia relacionada con el contenido a través de la opinión de cinco expertos en el área de educación.

En relación a los resultados obtenidos muestran que las instituciones educativas pública de la ciudad de Barranquilla, Colombia, están tuteladas por personas pro-activas, innovadoras, emprendedoras, evidenciando un liderazgo organizacional, obteniendo destrezas para generar una educación de calidad, debido a ello se recomienda realizar taller de capacitación con la finalidad de fortalecer las actividades emprendedoras que le permitan ser proactivos, creativos y sobre todo teniendo autocontrol.

Bracho (2013) trabajó una ponencia que presentó en las VII Jornadas nacionales y IV internacionales de investigación de la URBE, que tiene por título "Emprendedurismo: Herramienta para la Innovación y la Competitividad". El objetivo principal estuvo centrado en explorar los conceptos sobre emprendedurismo como impulsor de la innovación y la competitividad en los ambientes socio-productivos, herramienta para fortalecer el capital social a través de la consolidación de ideas de negocio como alternativas generadoras de empleo, en función de satisfacer las necesidades de los contextos regionales y nacionales obteniendo calidad de vida.

La búsqueda sistémica fue realizada por bases indizadas, en documentos científicos relacionados con la variable. Para la recolección de información, se analizó una matriz con aspectos fundamentales, tipologías y elementos análogos. Infiriéndose, que para innovar es relevante el componente humano, el cual debe estar abierto, flexible y adaptable. Por ello, los entes gubernamentales deben establecer políticas públicas para el progreso endógeno de los colectivos organizados, es decir, ciudadanos con visión, agentes transformadores del aparato productor.

A lo cual se requieren prácticas divergentes para instruir programas de entrenamiento en destrezas y actitudes orientadas a la construcción participativa, permanente, integral de ciudadanos comprometidos con el adelanto socio- económico, donde se visualice, conceptualice e implemente actividades emergentes desde una fundamentación protagónica, manteniendo sintonía con la sociedad para determinar las habilidades que se deben ampliar en un banco de elegibles como elemento clave para la implementación de mercados proactivos, el emprendedurismo como herramienta para la competitividad e innovación, debe moverse desde el paradigma de lo ortodoxo hacia el de las tecnologías sociales.

Chirinos (2013) también expuso en las VII Jornadas nacionales y IV internacionales de investigación de la URBE, una ponencia que se denomina "Emprendimiento Sostenible como Política de Estado". Este estudio es de carácter documental, en él se presentan diferentes teorías con respecto al emprendimiento sostenible, donde la principal característica es la innovación económica y social como pilar fundamental para su desarrollo, es visto como una alternativa para lograr cambiar las condiciones de vida de las personas aportando significativamente beneficios colectivos, apuntando al desarrollo socioeconómico convirtiendo oportunidades en bienes y servicios para satisfacer necesidades de la ciudadanía, incorporando la educación como mecanismo estimulante para impulsar iniciativas de negocios sostenibles, de tal modo lograr transformar la sociedad, desarrollando sus capacidades de innovación teniendo como principios la inclusión, así como la equidad, articulándose con el modelo socialista del siglo XXI.

Para ello, se plantea el propósito de establecer una agenda política donde se contemple el diseño de políticas públicas, que provea de un marco jurídico fiscal específico orientado al emprendimiento sostenible sin restricciones con plena libertad para su ejercicio.

El estado plurinacional de Bolivia (2013), en colaboración con el Programa de las Naciones Unidas para el desarrollo, financiado por ICCO Sociedad civil y Melting Pot Bolivia, desarrolló un proyecto sobre el "Fomento al Emprendimiento Juvenil en la ciudad de El Alto" BOL/87104".

A tal efecto, el proyecto se orientó fundamentalmente al desarrollo de un modelo de gestión de emprendimientos juveniles, encaminado a abordar el problema de la falta de mercados, que pueda servir de insumo para la ejecución de estrategias, acciones y políticas del Ministerio de Trabajo y en general de las instituciones públicas o privadas relacionadas al empleo y desarrollo productivo.

El modelo se basa en los nuevos enfoques sobre emprendimiento e innovación y buscó favorecer cambios positivos en las capacidades y mentalidad emprendedora como base para la creación de valor, la sostenibilidad integral y el bienestar social. La formulación inicial del modelo fue enriquecida a través de la experiencia piloto llegando a una versión final que recoge las lecciones aprendidas, necesidades y características de la población objetivo.

La experiencia piloto de acompañamiento se desarrolló por el periodo de 10 meses y se enfocó a jóvenes entre 18 y35 años con emprendimientos (MyPE) en marcha (1-4 años), fundamentalmente del sector productivo. Los ejes de acompañamiento descansan en dos pilares: el enfoque de emprendimientos ágiles y desarrollo de capacidades personales. Adicionalmente, se contempla actividades de asistencia técnica y fortalecimiento de capacidades administrativas.

Entre los principales logros de la iniciativa se pueden mencionar: La formulación de un nuevo modelo de gestión de emprendimientos adaptado a la realidad boliviana; el fortalecimiento de capacidades y mentalidad emprendedora en los jóvenes de la experiencia piloto.

Por otro lado, en un Informe realizado por Redemprender (2014) citado por Robles y Pelekais (2015) producto de su investigación intitulada "Reemprendía", se analiza la importancia que tiene el emprendimiento en la innovación. Los resultados evidencian la necesidad de encaminar los esfuerzos de la organización (Redemprender), con el fin de apoyar las constantes acciones cíclicas y dinámicas en el emprendimiento y la innovación; entre los términos de soporte ésta da a conocer los recursos necesarios y formativos, que contribuyan al conocimiento para entender y comprender los distintos caracteres de la universidad.

La investigación se apoyó en estudios prácticos realizados en diferentes universidades colombianas, chilenas y portuguesas, con un total de 108 informantes clave en cada una de las organizaciones, trabajando una muestra concaracterísticas diferentes en determinación del tiempo y propósitos, debido a la cantidad de participantes.

Por su parte, Rojas et al (2015) en el intitulado "Estrategias para el Fomento de la Cultura de emprendimiento Universidades de Valledupar, Colombia", explican la implementación de un mecanismo para facilitar la planificación, con el fin de estimular estrategias para el emprendimiento por medio de una caracterización de estrategias de orden administrativo. Apoyándose en: el Ministerio de Industria y Turismo y asociación Colombiana de Universidades (2014), Congreso de Colombia (2006), 100 Buenas Prácticas de Emprendimiento Universitario (2012).

El artículo fue producto de una investigación realizada bajo un método cualitativo, por medio de un análisis de contenido a las entrevistas que se aplicaron en tres universidades en el municipio de Valledupar (Colombia), los datos obtenidos demuestran estrategias administrativas y creación de unidades de emprendimiento, aunado a la vicerrectoría de investigación y extensión. En este sentido, la investigación asevera que el 66% sensibiliza, formula planes de negocio, en el cual mostró un 40 % sector terciario, 51% sector secundario de un total de los 173 planes de negocio.

Hernández y Arano (2015) desarrollaron un estudio sobre el "desarrollo de la cultura emprendedora en estudiantes universitarios para el fortalecimiento de la visión empresarial". En el artículo producto de esta investigación, los autores afirman que la cultura emprendedora es un concepto que se ha venido involucrando en los estudiantes universitarios por parte de diversos organismos, tanto públicos como privados, en muchas universidades, no es un tema que se aborde en las distintas Licenciaturas, este concepto se puede encontrarse en las carreras del áreaeconómico-administrativa, esto debido a la naturaleza de ellas, sin embargo hoy en día y ante la problemática de falta de empleo es importante trabajar en este concepto e intentar que los estudiantes desarrollen una cultura para emprender un negocio y propiciar la apertura de fuentes de empleo.

Concluyendo que la cultura emprendedora se define como una forma de pensar, razonar y actuar, vinculada a la búsqueda de una oportunidad de negocio, que puede dar como resultado la creación, mejora, realización y renovación de valor en el sentido más amplio del término, es decir, no sólo valor económico sino también social, y no sólo para sus propietarios, sino también para todos los grupos de interés vinculados con ellos como empleados, clientes, proveedores y sociedad en general, pues un negocio fortalecido y en crecimiento genera oportunidad de trabajo no solo en las personas contratadas como parte del personal de la empresa, también genera el crecimiento en otro negocio que es el proveedor, desarrollando una cadena de oportunidad y de generación de riqueza.

Ornelas et al (2015) escribieron un artículo sobre "El espíritu emprendedor y un factor que influencia su desarrollo temprano". En este trabajo los autores señalan que el emprendedurismo es uno de los impulsores del desarrollo económico y social, prosiguen afirmando, que, para fundamentar, generar acciones y condiciones que lo favorezcan, es relevante estudiar al espíritu emprendedor, que se entiende como las características de la personalidad que se manifiestan en la forma de pensar y actuar vinculadas con la búsqueda y el aprovechamiento de las oportunidades.

Aunque esas características posteriormente son modificadas por la cultura, se forman primeramente en el hogar, razón por la cual en el estudio se contrasta el espíritu emprendedor de estudiantes hijos de padres autoempleados respecto a los de padres no autoempleados, en una muestra de 117 alumnos de una Institución de Educación Media del Estado de Aguascalientes, México.

Se analizaron siete dimensiones del espíritu emprendedor: autoconfianza, comportamiento innovador, motivación de logro, autoeficacia emocional, liderazgo, proactividad y tolerancia a la incertidumbre, encontrando diferencias en todas las dimensiones a favor de los hijos de madres autoempleadas, y solamente en las dimensiones de autoconfianza y comportamiento innovador a favor de los hijos de padres autoempleados. Los resultados obtenidos sugieren que las condiciones y acciones que fortalecen la actividad emprendedora de las madres de familia, tendrán una gran repercusión en el desarrollo del espíritu emprendedor de sus hijos.

Capítulo III: Un recorrido por la cultura de emprendimiento

La cultura del emprendimiento, es una manera de pensar y actuar, es decir de internalizar la filosofía que este término representa, la cual está orientada hacia la creación de riqueza, a través del aprovechamiento de oportunidades, del desarrollo de una visión global y de un liderazgo ecuánime de lo que significa gestión de un riesgo calculado, cuyo resultado es la creación de valor que beneficia a todos por igual.

Para Hernández et al (2015), citando a Alemany y Álvarez (2011), no existe una definición comúnmente aceptada de cultura emprendedora. Algunos autores la consideran una actividad muy específica, relacionada con la destrucción creativa de Schumpeter, otros han puesto el enfoque en el descubrimiento de oportunidades; otros se han centrado en la creación de nuevas empresas o en la generación de nuevos proyectos innovadores. En términos generales, la cultura emprendedora incluye el estudio de las fuentes de oportunidades, los procesos de descubrimiento, evaluación y explotación de estas mismas, y las personas que las descubren, evalúan e innovan. Además, aunque no sea requerida, la cultura emprendedora puede incluir la creación de nuevas organizaciones.

Vidal (2012) en un trabajo desarrollado sobre la temática, afirma que las personas emprendedoras no son ajenas a la cultura, por lo que se espera que la motivación para emprender sea mayor si la actividad emprendedora está aceptada socialmente y la función emprendedora es valorada y admirada. Por su parte, Cavalli (2007) señala "la cultura como algo que se aprende y se educa".

Además, para Martínez-Rodríguez (2008), la cultura varía con el transcurso del tiempo, por lo que podemos afirmar que se trata de una construcción social. De ahí, que al hablar de modos de vida, de costumbres, de valores y conocimientos que se aprenden, y que por lo tanto son educables, se desarrollan nuevos estilos de vida, incluso en aquellos grupos sociales y humanos tradicionalmente poco emprendedores, que vean en el fomento del espíritu emprendedor un modelo vital y profesional con el que generar desarrollo económico y cohesión social.

Por este motivo, se habla de cultura, adjetivándola de emprendedora, porque es posible educar críticamente a los ciudadanos para que reflexionen sobre otros modelos de crecimiento alternativos al vigente, más cercanos a los principios de justicia social, equidad y respeto medioambiental.

En otro orden de ideas, Ramírez (2005) citado por Hernández et al (2015), afirma que la tarea de incorporar una cultura emprendedora en la universidad no resulta tarea sencilla pues ello implica todo un desafío que representa rediseñar el modelo educativo existente, sus objetivos y estrategias para sentar las bases educativas y formativas que fomenten la mentalidad empresarial de los alumnos, considerando en esto la intervención de otros agentes de cambio y nuevos roles que le permitirían cumplir el reto impuesto por la sociedad que le demanda mayor participación en el proceso del desarrollo económico y social del país, a lo anterior se le debe sumar la predisposición existente para asumirla por parte de sus miembros y en especial de quienes la dirigen.

Por otro lado, los cambios que han surgido en el mundo se han encontrado encaminados a consolidar una cultura de emprendimiento, lo cual ha llevado a las instituciones educativas a promover la formación mediante la aplicación de estímulos para el desarrollo de iniciativas emprendedoras, en función de adaptaciones de políticas además de las exigencias del entorno, con el firme propósito que generar nuevas actividades y acciones que el individuo empleo para mejorar su calidad de vida.

Partiendo de ello, para el Ministerio de Educación Nacional, de la República de Colombia (2010), la cultura de emprendimiento es entendida como un conjunto de valores, creencias, ideologías, hábitos, costumbres y normas, que comparten los individuos en la organización y que surgen de la interrelación social, los cuales genera patrones de comportamiento colectivos que establece una identidad entre sus miembros y los identifica de otra organización.

Por otra parte, para el autor Pasten (2005), la cultura del emprendimiento se basa en el conjunto de valores, así como de creencias y normas, compartidas dentro de un determinado grupo de personas surgidas en la interrelación social, donde se crean patrones de comportamiento colectivos bajo la identidad de sus miembros identificándose y diferenciándose de otros grupos dentro de las empresas o instituciones. A tal respecto, en ésta se busca el desarrollo de la cultura del emprendimiento con fin de emplear acciones fundamentadas en la formación de competencias laborales, ciudadanas así como empresariales dentro del sistema educativo tanto formal como no formal y su articulación con el sector productivo.

En este sentido, tal como lo afirma Schnarch (2014) citando a Rodríguez (2013), promover una cultura del emprendimiento es preparar condiciones para dar paso a una iniciativa responsable y dinamizar el sistema económico. No obstante, los estados son conscientes de que las políticas a corto plazo no suelen ser suficientes para incrementar la eficiencia emprendedora, o sea, disminuir el índice de fracaso. Si se comprueba la cantidad de instituciones y agencias que mundialmente se dedican al fomento y a la educación en gestión económica, es posible evidenciar la importancia de los servicios de desarrollo empresarial para una cultura del emprendimiento.

Por otro lado, al hacer referencia a la cultura en emprendimiento, se cita el trabajo editado por el Ministerio de Educación Nacional de Colombia (2011:10), quienes han editado un trabajo sobre el tema, pero enfatizando su contexto en los establecimientos educativos.

A tal efecto, señalan que la cultura del emprendimiento se fomenta de manera gradual: en los niveles de preescolar y básica, a partir de las competencias básicas y ciudadanas, se trabajan los procesos nocionales y elementales del emprendimiento; y en la educación media se consolidan las competencias para el impulso de la empresarialidad, como oportunidad para que el estudiante materialice sus actitudes emprendedoras en el desarrollo de actividades y proyectos orientados a la creación de empresa o unidades de negocio con perspectiva de desarrollo sostenible.

Complementando lo expuesto, al afirmar que el proceso de fomento de la cultura del emprendimiento implica la integración de las competencias básicas y ciudadanas, el emprendimiento y empresarismo al contexto institucional, lo cual se manifiesta al: concebirla como el resultado de la construcción del proyecto educativo institucional y el proyecto de vida de sus estudiantes.

Información que es totalmente pertinente con la investigación que dio sustento a esta obra, en donde se trabaja la misma categoría pero contextualizándola en la educación superior. De allí, que se comparte el criterio de los autores anteriormente referenciados, sobre todo cuando señalan: desarrollarla de manera intencionada, sistemática, aportando significado y relevancia a cada una de las dimensiones humanas: biológica, psicoafectiva, axiológica, política, intelectual, cultural y productiva.

Coincidiendo con Robles y Pelekais (2015), quienes afirman que la integración de competencias y habilidades fortalece el área experiencial que los estudiantes pueden adquirir durante su formación, tanto a nivel de su educación básica como universitaria. De allí, lo importante de delimitar un modelo estratégico en donde se expongan de manera planificada, con sus correspondientes estrategias, acciones, metas, plazos y responsables cada una de las actividades propuestas en un área específica.

De acuerdo, Ardenghi (2001) en el contexto de la educación superior es necesario que estas organizaciones promuevan el desarrolla de habilidades y características del emprendedor, para que desde sus perspectivas permitan tener en cuenta las necesidades y recursos de los actores, con la consecución de innovar y crear ideas en las empresas. Es por tal motivo, la relevancia del emprendimiento en la educación superior en lo referente al avance de las organizaciones y no solo de ellas, sino de cualquier persona.

Por otra parte, Ackerman & Cervilla (2007) en su catedra de emprendimiento la define como una estrategia que estructura una cultura, dando un desafío significativo, para las instituciones de educación superior en los concerniente a la formación, debido a que enfrenta factores de carácter económico, elemento primordial en la motivación de los estudiantes, para que se animen y descubran sus habilidades de emprendedores, con la intención de explotar las destrezas y convertir las potencialidades de cada individuo en oportunidades.

Del mismo modo, las IES, buscan recursos necesarios para incentivar aquellos individuos, que de alguna manera tienen adormecidos sus habilidades y no la traducen a la visión de los demás, con el fin de crear hábitos a lo largo del tiempo, contribuir en una cultura competitiva, sostenible a las organizaciones, instaurando futuras personas aportantes de empleo, construyendo escenarios para desarrollar de sus potenciales. Por tal motivo, se es necesario sugerir los recursos para crear escenarios con intencionalidades de ideas innovadoras, construyendo entornos sistémicos y continuos, para fijación de objetivos e identificación de actividades en la organización.

1. Reforzamiento de una cultura en emprendimiento

Según Bermúdez et al (2011), el reforzamiento de una cultura emprendedora puede definirse en una serie de caracterizaciones, como es el capital social. Aspecto que soporta el éxito de las organizaciones con el propósito de avanzar en un desarrollo competitivo de acuerdo a los recursos que posean, en este caso las instituciones de educación superior, las cuales están encaminadas a generar un viraje rápido y elevado, teniendo en cuenta los requerimientos de aprendizaje. Así mismo, uno de los principales temas de interés es el aspecto económico y éste se direcciona por una parte en la reproducción de capital, mediante estrategias en emprendimiento que contribuyan a los entornos.

Según lo establecido en la Ley 1014 (2006), el concepto de cultura es definido como aquella conjunción de valores, hábitos, creencias, costumbres y normas que departen el individuo en la organización y nace de la interrelación en los diferentes entornos, cuya finalidad es reforzar hábitos en emprendimientos, unidos a un pensamiento colectivo aplicando estrategias que puedan ser implementadas.

Por su parte, Alemany (2011), define el reforzamiento de una cultura emprendedora en cuatro aspectos que caracterizan al emprendedor, tales son: autonomía, liderazgo, innovación y por supuesto desarrollo; la primera característica a mencionar es el avance de procesos en emprender ideas por medio de entrenamientos continuos y sistémicos a los estudiantes en su formación a lo largo del tiempo, forjando una educación obligatoria para ejercer una cultura propia de la organización en la que se pueda definir la práctica docente, entre las otras características se enumeran: La autonomía, es una forma positiva de percepción de las cosas, además de la fe y confianza de sus aptitudes, piensa en los demás demostrando sus emociones, entre otras conductas propias de un individuo emprendedor. Por lo tanto, es posible percibir dentro del aula de aprendizaje con el uso de herramienta metodológica que identifica de manera sistémica los desempeños realizados por el estudiante.

Por otro lado, la innovación como tercera característica, el estudiante asume aptitudes diferentes como ser proactivo ante situaciones nuevas en los entornos conocidos, creando motivación con gran facilidad, teniendo en cuenta la jerarquización del momento y las prioridades presentadas, asume posturas con tendencia a resolver problemas y propone incluso mejoras.

La cuarta caracterización mencionada por el autor es el liderazgo o postura que tiene el estudiante ante los entornos medio ambientales conocidos, el cual quiere direccionar las acciones emprendidas y ejecutarlas para resolución de problemas, con la finalidad de generar bienestar a todos los que se encuentren implicados en la situación.

Complementan lo expuesto Hernández et al (2015) cuando señalan: la falta del desarrollo de una cultura emprendedora, puede traer como consecuencia que los egresados universitarios, traten de ser empleados y por ende una grave consecuencia es la escasez de empleo, y un deterioro en la economía del país, la esperanza de un gobierno es que la sociedad participe abriendo fuentes de empleo a través de nuevas empresas.

2. Actividades académicas e investigativas que refuerzan una cultura en emprendimiento

Con respecto a este punto, RedEmprendia (2014: 8), afirma:

Desde la perspectiva de las funciones sustantivas de una universidad y de la vinculación que se considera que debe existir entre ellas, no puede olvidarse el papel que juega la investigación. Tampoco la relación entre la investigación y la formación. Los docentes realizan una función de difusión del conocimiento generado a través de la investigación, tanto para la formación curricular a nivel de grado o posgrado como para el seguimiento en las actividades de formación complementaria o extracurricular. De manera cíclica, los trabajos realizados en los posgrados –con orientación a la investigación– servirán para reforzar los trabajos de investigación. Por otra parte, la investigación en innovación docente es imprescindible para avanzar hacia la excelencia en formación o mantenerla. Finalmente, la conexión directa de la investigación académica en temas de innovación y emprendimiento es decisiva para reforzar el perfil investigador de los másteres universitarios y, en definitiva, la generación de proyectos de emprendimiento e innovación de excelencia.

Reforzando lo planteado, se puede afirmar que son muchas y variadas las actividades que pueden desarrollarse en las instituciones universitarias para fortalecer una cultura en emprendimiento, a tal efecto, Gutiérrez (2015:242) señala:

La investigación desde sus diferentes manifestaciones ha comenzado a tener respuesta por parte de los diferentes agentes interesados en su desarrollo y resultados. El eco inicialmente alcanzado contrasta con la vinculación de las empresas y del Estado para dar orientación y tránsito a las iniciativas emergidas entre ellos; la posibilidad de establecer no solo alianzas, sino una estructura organizacional desde la cual la triada investigación logre definir el Modelo de Competencias Investigativas Empresariales.

Agregando a lo planteado, esta situación es trasladada a las universidades, que si bien han aumentado su nivel de presencia en los estadios de investigación, el hoy y su devenir, muestran un aumento en su agotado papel de transmitir conocimiento vía contenidos, basados en una estructura académica poco flexible, en el que aún el filtro de la relación académica e investigativa no pasa de la producción rutinaria de actividades propias a la labor de las universidades, cuando a pesar de ello, lo hecho en ellas debe buscar aplicación en el entorno.

Con respecto a lo anteriormente referenciado por Gutiérrez (2015), Luengo (2003:16), sostiene que:

La reforma del conocimiento, la reforma del pensamiento y la reforma de la educación van de la mano y son necesarias para una reforma de la sociedad. Ellas son una posibilidad para recuperar la conciencia de nuestras responsabilidades como universitarios, de la pertinencia de nuestro debate, de nuestras posibilidades de actuación y de nuestras decisiones políticas.

3. Aprendizaje organizacional emprendedor

Según sostienen Lowe y Marriot (2012), el enlace entre el aprendizaje individual y organizacional es un factor que reviste mayor criticidad en las organizaciones emprendedoras, puesto que desde su percepción usualmente el emprendedor o el equipo emprendedor desempeñan un rol fuerte en influenciar cómo la organización opera, particularmente en como el conocimiento es adquirido y aplicado, en cómo se toman las decisiones, y en cómo es manejada la ambigüedad. Para conocer el modo en que el aprendizaje trasciende la dimensión individual para transformarse en una capacidad organizacional fuente de ventaja competitiva es preciso conocer las características de una organización que aprende. **La toma de decisiones en las organizaciones emprendedoras**

Las decisiones son influenciadas por el conocimiento, el contexto, los estilos gerenciales y la cultura organizacional. Resulta pertinente entonces explorar el papel que desempeña la toma de decisiones en las organizaciones emprendedoras. En primer lugar, podría decirse que las organizaciones que promueven el aprendizaje y anticipan tendencias estarían mejor preparadas para enfrentar los retos y amenazas del entorno de negocios. No sorprendería que tales organizaciones, en su esfuerzo por anticiparse al futuro, hayan considerado cómo abordar sistemáticamente la atención de sus oportunidades, debilidades y la

explotación de sus fortalezas para aprovechar las oportunidades.

Desde esta óptica, según estiman Lowe y Marriot (2012) en las organizaciones emprendedoras tal proceso aparentemente objetivo ocurre de una manera un tanto diferente. Apoyándose en el trabajo de Mintzberg y Westley (2001), estos autores describen tres maneras de aproximarse a la toma de decisiones: *primero pensar, primero ver, y primero hacer.*

- Primero pensar, se define como el proceso racional de definir, diagnosticar, diseñar, y decidir. Esta manera sería la menos común empleada, pues en la práctica el proceso de toma de decisiones describe una serie de pasos menos prolijos que van más allá del pensamiento consciente.

- Primero ver, implica la capacidad de obtener un profundo entendimiento intuitivo. El conocimiento profundo, usualmente desarrollado a través dela experiencia de años, en seguido de un proceso de incubación en el que se reflexiona sobre el asunto. Luego de ello, el momento de resultado o iluminación.

- Primero hacer, es el campo de los pragmáticos, que aprenden sobre la marcha. El pragmático experimenta para aprender.

Sobre este particular, de acuerdo a Lowe y Marriot (2012), aunque los individuos pueden demostrar una manera preferida de aproximarse a las decisiones, cualquiera de ellas tres podría estar presente en mayor o menor grado. Estos autores, estiman que una organización emprendedora acá encontraría una ventaja, en el sentido que la visión del emprendedor y usualmente su predilección por el aprendizaje en la acción sirve de balance al tradicional proceso de toma de decisiones en el ámbito corporativo.

4. Pero, ¿cómo fomentar la cultura emprendedora?

De acuerdo a lo planteado por Mestres (2011) las variables que fomentan la cultura emprendedora entre los ciudadanos son muchas, e inicia exponiendo la opinión de Trinidad García, maestra de educación infantil, quien afirma: se puede promover el espíritu emprendedor en la escuela. De hecho, sería necesario considerar la cultura emprendedora no sólo como una asignatura concreta sino como una metodología de enseñanza desde una perspectiva transversal. Para lograrlo, en primer lugar, es necesario solucionar las carencias que la educación cuenta hoy en día: falta de valores culturales del espíritu emprendedor; desconocimiento de las oportunidades del emprendimiento y falta del desarrollo de habilidades empresariales.

Después se debería favorecer un cambio en la metodología didáctica: pasar del estilo tradicional al estilo emprendedor, entendido este último como más énfasis en la práctica, proponer objetivos negociados, el alumno como centro del proceso de aprendizaje, evaluación como mecanismo de mejora, entre otros aspectos de igual importancia.

Y agrega, en cuanto a los adultos y a nivel personal, en primer lugar hay que perder el miedo a arriesgarse. Si se tiene una idea de negocio, se pueden hacer cursos de capacitación, leer y documentarse, asistir a conferencias, conectarse con personas, otros emprendedores que nos ayuden y nos muestren su forma de trabajar, especializarse, e incluso buscar ayuda profesional en viveros, cámaras de comercio, administración pública.

El éxito empresarial no es una cuestión de azar ni de casualidad sino de autoconfianza, ingenio, observación, estudio y preparación, trabajo, realismo y valor. Por ello, es importante planificar, organizar, examinar y conocer el mercado, la economía y nuestras propias capacidades.

Capítulo IV: Hablemos de Emprendimiento

Según Urbano y Toledano (2008) es una forma de pensar, razonar, actuar, vinculada y suscitada por la búsqueda de una oportunidad de negocio. Por su parte, Robbins (2005) lo denomina espíritu emprendedor y lo conceptualiza como el proceso mediante el cual un individuo o un grupo empeña sus esfuerzos organizados en la búsqueda de oportunidades para crear valor y crecer, satisfaciendo deseos y necesidades mediante la innovación y la diferenciación, independientemente de los recursos disponibles.

Trujillo et al (2008), consideran que el emprendimiento ha cobrado interés para las escuelas de negocios desde la década de los ochenta, por vincular tanto creación como dirección de empresas, entre otras razones. Este término, se asocia a la capacidad de una persona para hacer un esfuerzo adicional por alcanzar una meta u objetivo, también se utiliza para referirse a la persona que iniciaba una nueva empresa o proyecto, término que después fue aplicado a empresarios que fueron innovadores o agregaban valor a un producto o proceso ya existente.

De este modo, en entornos virtuales como Gerencie (2011), se define el emprendimiento como aquella actitud y aptitud de la persona que le permite emprender nuevos retos, nuevos proyectos; es lo que le permite avanzar un paso más, ir más allá de donde ya ha llegado. Es lo que hace que una persona esté en la búsqueda constante de nuevos logros más allá de los que ha alcanzado. Para Vainrub (2006) el emprendimiento consiste en identificar oportunidades, las cuales son externas, y conseguir los recursos materiales, técnicos, económicos y humanos para dar cuerpo y alma a lo que en un inicio fue sólo una idea.

Se puede citar también a Guédez (2003), quien manifiesta que desde el punto de vista conceptual, el emprendimiento como tal es la acción de olfatear, captar e identificar en el medio natural donde se desenvuelve el individuo y aprovechar oportunidades ofrecidas por el entorno.

Igualmente, Bernal y otros (2002) señalan que la acción de emprender es acometer, comenzar una obra, una empresa, iniciar, hacer. Se trata de comprometerse a tener una actitud emprendedora. Y en este sentido, las acciones de los jóvenes deben practicarse tomando en cuenta las actividades para alcanzar los objetivos trazados por ellos mismos.

Según el Instituto de Libre Empresa (2007), el emprendedor es una persona que tiene una idea de negocio y que la percibe como una oportunidad que le ofrece el mercado y que ha tenido la motivación, el impulso y la habilidad de movilizar recursos a fin de ir al encuentro de nuevas ideas.

Así mismo, este tipo de persona es capaz de acometer un proyecto que es rechazado por la mayoría, sabe interpretar las características reales del entorno a pesar de que estas algunas veces no son aparentes ante su competencia. Por otra parte, puede luchar ante cualquier inconveniente que se le atraviese en su estrategia y no le teme al fracaso. Además, está facultado para crear un grupo con motivación que le dé la estructura requerida.

En este sentido, cada uno de los autores consultados, Vainrub (2006), Güédez (2003), Bernal et al (2002) e incluso el Instituto de Libre Empresa, coinciden en que no existe un prototipo de emprendedor, a cada quien le puede gustar lo que hace, debe tener pasión por lo que hace. Esta pasión debe estar presente en todo, tanto en la concepción general del emprendimiento como en el día a día del mismo. Se debe tener iniciativa y reconocer la iniciativa de los demás. Un emprendedor debe estar dispuesto a arriesgar más y recibir menos hoy, con la esperanza de arriesgar menos y recibir más mañana.

1. Gestión Emprendedora

Tiene como finalidad lograr que todos los participantes en el proceso gerencial, integren armónicamente los esfuerzos en la consecución de los objetivos planteados y con el objetivo de optimizar el quehacer por parte de toda la gerencia de forma idónea. En este sentido, la gestión es la acción directiva, que evidencia el comportamiento asumido por los líderes para ejercer dominio sobre los demás, a través de las relaciones directas con el grupo, resaltando la comunicación, como elemento que permite el logro de una gestión excelente; resultando esencial en las organizaciones para realizar las funciones administrativas.

Aunado a la situación Barceló (2007:245) define la gestión emprendedora como:

La capacidad de crear, formar e iniciar un proyecto a través de identificación de ideas y oportunidades de negocios, analizando factores exógenos, como económicos, sociales, ambientales y políticos; así como factores endógenos como capacidad en recursos humanos, físicos y financieros el cual es realizado por personas dinámicas que poseen habilidades en comunicación, liderazgo y una actitud positiva, ofreciendo alternativas de mejoramiento en la calidad de vida por medio de microempresas y generación de empleos.

Por lo tanto, es imprescindible para la existencia, supervivencia y éxito de las organizaciones. En esta gestión las situaciones son muy diversificadas. No existen dos organizaciones iguales, así como no existen dos personas idénticas. Cada una tiene sus objetivos, su campo de actividad, sus directivos y su personal, sus problemas internos y externos, su mercado, su situación financiera, su tecnología, sus recursos básicos, su ideología, su política de negocios y un sin número de otros factores que la diferencian de las demás.

Para, Sánchez (2008:153) la gestión emprendedora "implica que el factor humano es la primera y más importante causa del éxito", por lo cual, se reconoce el enfoque social como de utilidad y aplicación para estudiar ecomportamiento de los individuos que conforman una organización, esto significa que toda institución es productiva en la medida que alcanza las metas. En otras palabras implica interés por la eficacia y por la eficiencia, en el trabajo ejercido.

En correspondencia con el autor de la referencia, Jaimes (2009) acota, que el espíritu emprendedor de la gerencia es esencial para el funcionamiento de las economías de mercado. En estas economías los empresarios son los vectores del cambio y del crecimiento y pueden contribuir a acelerar la creación, divulgación y aplicación de ideas innovadoras. La nueva dinámica de los negocios se vincula estrechamente con la integración de las empresas en redes, su potencia y capacidad de articulación, lo que demanda el desarrollo de un nuevo perfil de empresario emprendedor.

Por otro lado, Becerra y otros (2007:4) exponen que "el papel teórico de la gestión emprendedora es forjar las herramientas de una acción operacional. Debe suministrar la eficiencia, la eficacia y la operatividad".

Igualmente, plantea que esta gestión comprende un conjunto de procedimientos, reglas y normas, validados por la práctica con un direccionamiento estratégico, el cual al ser desplegado en la organización va dando forma a la estructura organizacional en forma sistemática.

En este sentido, la gestión de emprendimiento, puede conceptualizarse, de acuerdo a la visión de Robbins (2005), como el desarrollo de un proyecto que busca un determinado fin político, económico o social, entre otros, que además posee características específicas, esencialmente que tiene una cuota de innovación e incertidumbre.

Esta definición puede complementarse con la propuesta de Bruna (2006), quien explica que la gestión de emprendimiento es el cambio radical, discontinuo o renovación estratégica, sin importar si este ocurre adentro o afuera de la organización ya existente, ni si esta renovación da o no lugar, a la creación de un nuevo negocio. Asimismo, Vásquez (2015), amplía que cuando se gestiona en función de emprender, se trata pues de perseguir la oportunidad aún más allá de los recursos que se tiene en la actualidad.

De acuerdo a lo anterior, se puede deducir que la gestión de emprendimiento, se lleva a la acción por medio de una persona (emprendedor), quien inicia una empresa, aunque, también puede asociarse con cualquier persona que tome la decisión de llevar adelante un proyecto, aunque éste no tenga fines económicos, puede decirse que la diferencia entre el emprendedor y un individuo común es la actitud.

Cabe considerar, que la gestión de emprendimiento, es ejecutada según Leiva (2009), por un emprendedor con capacidad de crear, capaz de llevar adelante sus ideas, de asumir riesgos, generar bienes y servicios, enfrentar problemas, por lo tanto tiene que ser un individuo que sabe ver y descubrir las oportunidades aun en situaciones difíciles e inestables. La gestión, hace que el emprendedor posea iniciativa propia, además cree la estructura que necesita para impulsar su proyecto, se comunica con facilidad, generando redes de comunicación, puesto que tiene capacidad de convocatoria e incluso de ser necesario sabe conformar grupos de trabajo de alto funcionamiento.

En relación con las implicaciones que mencionaron anteriormente, señala Vásquez (2015), que un emprendimiento tiene la característica de ser innovador, lo que significa introducir un cambio, éste puede ocurrir de varias maneras, entre ellas en la estructura social, en la elaboración de un producto, en la gestión pública o en la organización de una empresa, entre otros. Explica Robbins (2005) que esta innovación, implica un camino mediante el cual el conocimiento se traslada convirtiéndose en un proceso, un producto o un servicio que agrega nuevas ventajas tanto para el mercado como para la sociedad. Cabe destacar entonces, que si bien la innovación puede estar presente en cualquier sector, es característica del sector empresarial.

A este respecto, Heredero et al (2013) expresan que el individuo innovador ve el cambio como una norma de vida, aunque no obligatoriamente se el quien lleve el cambio, sin embargo es quien lo busca, responde a él y lo explota como oportunidad, en resumen, innovar es ver lo que todos ven, pensar lo que sólo algunos piensan, pero hacer lo que nadie hace.

En relación a todo lo anterior, se puede indicar la gestión de emprendimiento genera la idea de la existencia de espíritu emprendedor, aunado a la capacidad que tenga una sociedad producir y asimilar los cambios, convencidos de que estos son favorables para el crecimiento y desarrollo económico. En síntesis, esta gestión de emprendimiento hace referencia a factores y cambios cualitativos en la vida del individuo y de la sociedad en que este coexiste y cohabita.

2. Enfoques de la gestión emprendedora

Desde el ámbito de las universidades privadas, refiere Moenaert (2010:78) que es bien sabido la necesidad de formar personas con habilidades transversales para que llegue a ser un profesional polivalente y sea capaz de formar su criterio personal fundamentalmente para el emprendimiento y la cultura empresarial.

Paralelo a la formación de personas, Domini y Domini (2012:10) manifiestan que es menester además la existencia de instituciones eficaces y flexibles, que permitan acercar la tasa privada a la tasa social de beneficios, minimizando los costos de transacción implícitos en el desarrollo de mercados y organizaciones.

Por lo tanto, se requiere generar políticas orientadas a adaptar y reformar las universidades privadas para incentivar el potencial de emprendimiento. En el mismo orden de ideas, Barceló (2007:76) que la gestión emprendedora como enfoque empresarial, "constituye un proceso continuo de solución de problemas, toma de decisiones, elaboración de estrategias, mejoramiento de procesos, entre otros". Por ello, toda organización está permanentemente sujeta a una serie de presiones que la obligan a reaccionar y responder a los nuevos acontecimientos, en mercados tan dinámicos y cambiantes como los actuales, en épocas de incertidumbre y globalización.

Por consiguiente, los enfoques de la gestión emprendedora tiene como punta de lanza la capacidad, actitud de personas y empresas para formar combinaciones y a su vez asociaciones, relaciones o reestructurar elementos de su realidad, logrando productos o resultados originales y relevantes. Es decir, tener ideas nuevas y útiles, para conocer la importancia del esfuerzo, la constancia con imaginación suficiente para aliviar la fatiga del camino y saborear anticipadamente el almíbar del triunfo

3. Oportunidades para crear emprendimiento

Se inicia este punto con lo planteado por Urbano y otros (2008:45), citado por Robles y Pelekais (2015), quienes señalan el proceso emprendedor es aquel proceso que integra todas las funciones, actividades y acciones asociadas con la identificación y explotación de oportunidades.

De allí, la necesidad de mencionar que para emprender hace falta asumir una actitud fundamentada en los valores que tiene el individuo, pues tanto el riesgo como las ganancias económicas, el sacrificio o la dedicación, son características atribuidas al ejercicio de la actividad emprendedora.

En este sentido, como lo plantea el autor anteriormente referenciado, el emprendimiento como tal podría tener lugar en proyectos o empresas nuevas o viejas, pequeñas y grandes, de lento o rápido crecimiento, dentro del sector privado, el no lucrativo o dentro del sector público, en todos los puntos de la geografía y etapa de desarrollo de un país, no obstante, además de la actividad emprendedora que desarrolla una persona por iniciativa propia a partir de una idea de negocio, también pueden ser abordadas otras manifestaciones, tales como: franquicias, empresas familiares, empresas sociales o dentro de una empresa ya constituida intraemprendimientos (p.37).

Visto así, las oportunidades de crear emprendimiento surgen en determinados instantes y deben ser aprovechadas para evitar el arrepentimiento posterior. Lo importante, por lo tanto, es estar atento a aquéllas que se presentan en cualquier ámbito y analizarlas para determinar cuál es la opción más conveniente, que puede significar la posibilidad de un ascenso, una oferta de contratación o la propuesta de iniciar un nuevo proyecto o emprendimiento.

Cada vez más aparece la palabra emprendedor asociada a la idea de oportunidad, expone Leiva (2009:52) que "son individuos dedicados a la búsqueda de oportunidades, más allá de los recursos de que disponen", por lo que una oportunidad la define como aquellas "situaciones en que se pueden introducir nuevos productos, servicios, materias primas, mercados y métodos organizacionales a través de la formación de nuevos medios, fines o nuevas relaciones medios-fines".

Se hace conveniente saber, que a razón de Quintero y Sánchez (2005:123) para considerar una idea como oportunidad de negocio se tendría que verificar la existencia de: "clientes potenciales, que compren productos, con necesidades insatisfechas; con necesidades satisfechas en forma parcial, inconformes con su "proveedor" actual y algunos que ni siquiera saben que necesitan lo que se quiere ofrecer y sin olvidar quienes pueden comprar sin siquiera necesitarlo".

Por otra parte, para crear oportunidad de emprendimiento cabe considerar según los autores la "factibilidad personal, puesto que en las oportunidades no existen en abstracto para todas las personas por igual, no todas las oportunidades son para todos", además alguna habilidad tiene que existir para poder satisfacer esa necesidad. Asimismo, se requieren clientes con recursos, es decir, clientes que puedan pagar.

Todo lo anterior, refleja que por medio del aprovechamiento del potencial del individuo en su capacidad para reconocer las oportunidades que se presenten podrá generar emprendimiento, utilizando además estrategias como los semilleros, foros, concursos de ideas, plan de negocios, diagnóstico de la situación y ventajas competitivas; como punto de partida para la innovación de la gerencia de procesos organizativos, considerando, que el trabajo en grupo, la creatividad, la solución de crisis y el manejo de la información son algunos de los aspectos relevantes a la hora de formar emprendedores y emprendedoras.

4. Estrategias para desarrollar investigaciones basadas en gestión de emprendimiento

Señala Valverde (2011), que las constantes variaciones que se suscitan en el aspecto social, traen como consecuencia una suerte de acepciones demarcadas a razón de sistemas imponente como la economía, la cultura, la educación; por lo que precisamente en este último aspecto es donde se enlazan diversas naturalezas en relación a las habilidades, competencias o nociones axiológicas en la práctica misma de un sostenimiento social. De esta manera, las grandes empresas apuestan a estudios delimitados por factores, tendencias o variables, buscando la mejor posición referente a las dinámicas productivas del mercado.

Es así, como la investigación aparece en las escenas técnicas, empresariales y financieras, buscando según Torrent-Sellens (2014), solventar, aquellas problemáticas concernientes al espectro económico, ya que, a medida que las empresas se hacen cada vez más globales en los mercados que abastecen, la investigación, de los mercados por ejemplo, se vuelve más útil para los gerentes de marketing. Desde luego, al hablar de una investigación enfocada en el emprendimiento, entonces refiere Vásquez (2015) que se destaca la intervención del escenario académico en los grupos eminentemente cuantitativos de un mercado fluctuante, que al no encontrar respuestas efectivas a su fenomenología, apela a la epistemología de una investigación empresarial.

A diferencia de algunas posturas sobre la investigación en función del emprendimiento, Bruna (2006), apuesta a la metodología que debe cernirse a campos pragmáticos, donde ese concepto se complejice por su naturaleza socavada en proyectos olvidados; por lo que, la investigación como práctica para establecer vínculos con la realidad empresarial, irgue su importancia a razón del emprendimiento como posibilidad económica, laboral y profesional puesto que es una manera de pensar y de actuar orientada hacia la creación de riqueza.

Argumentan Heredero et al (2013), que la investigación es una forma de pensar, razonar y actuar centrada en las oportunidades, planteada con una visión global y llevada a cabo a través de un liderazgo equilibrado y la gestión de un riesgo calculado, por lo que su resultado es la creación de valor que favorece a la empresa, la economía y la sociedad. De acuerdo con esto, en un mundo rodeado por competencias laborales, tanto como por habilidades técnicas, estas implican una mirada a los posibles resultados, apuntando a favorecer económicamente al emprendedor, en este panorama se ve como la investigación asume un rol en estudios sociológicos, racionales y cuantitativos que apelan a la resolución de problemas complejos como el posicionamiento de determinada marca, el quiebre de una empresa, otras.

Bajo la perspectiva de Valverde (2011), se ha hablado del emprendimiento como un conjunto de acciones que demandan soluciones internas, en función de una posible reingeniería económica cuya suerte se ve representada por concepciones como PYME, desarrollo, competencias o crecimiento sostenible, aquí, es donde subyace un posible objeto de estudio para la investigación, delimitando dimensiones holísticas para salir adelante, progresar o crear soluciones a problemáticas que impiden el desarrollo efectivo del hombre.

Tras las anteriores consideraciones, el autor asume el hecho de que investigar no solo se trata del diagnóstico o el resultado desmejorado en cifras estadísticas, investigar demanda de categorías teoréticas y metodológicas implementadas con innovación para emprender procesos epistemológicos, lo que provoca la aprehensión de una realidad semántica en el contexto económico, como el hecho mismo de emprender.

Otra manera de plantearlo es propuesta por Heredero et al (2013), quienes afirman que el emprendimiento y la investigación, se pueden encontrar en los mismos contextos como, la creación de escenarios académicos, por ejemplo las escuelas de negocios o las líneas de investigación en carreras comerciales. El emprendimiento y la investigación como estructuras sistemáticas entonces, se integran a las conceptualizaciones propias de la academia, en donde se fundamentan sobre la situación actual de una realidad, entendiendo distintas las posturas cualitativas y cuantitativas donde lo fenomenológico combate para no seguir cayendo en relativismos someros en cuanto a empleo o desarrollo sostenible, es aquí la importancia de la investigación en el emprendimiento.

5. Semilleros de emprendimiento

De acuerdo a lo planteado en el Manual de la Fundación EPM (2014), citado por Robles y Pelekais (2015), los Semilleros son espacios de aprendizaje lúdico, en los cuales el estudiante, puede desarrollar capacidad de emprendimiento y adquirir competencias claves para ser un emprendedor. Teniendo en consideración, que el trabajo en grupo, la innovación, la creatividad, la solución de crisis y el manejo de la información son algunos de los aspectos relevantes a la hora de formar emprendedores y emprendedoras.

Asimismo, en su artículo 2 establece que tienen como objetivo:

Generar espacios alternativos extracurriculares, que permita el desarrollo de la cultura y formación emprendedora e investigativa en ámbitos, empresariales, académicos, científicos y tecnológicos, dando como resultado la generación del conocimiento, la innovación empresarial entre los integrantes del semillero y repercutiendo en una opción de grado.

Siendo uno de sus propósitos Generar espacios alternativos extracurriculares, que permita el desarrollo de la cultura y formación emprendedora e investigativa en ámbitos, empresariales, académicos, científicos y tecnológicos, dando como resultado la generación del conocimiento, la innovación empresarial entre los integrantes del semillero y repercutiendo en una opción de grado.

Por otro lado, la forma de crear emprendimiento ha cambiado, ya no es la de antes, es necesario destacar que se trataba de un cambio cultural, donde, primero, se tiene que encarar un factor predominante en el ámbito académico, relacionado con la filosofía universitaria basada en la formación intelectual de profesionales, en lugar de servir como intermediaria para la creación de empresas.

Así lo concibe, Bonilla y Sánchez (2005), los semilleros de emprendimiento buscan desarrollar la visión que "desde la academia se involucren profesionales que puedan ser los grandes modelos o los grandes anti modelos, para que de manera adecuada se dé inicio el proceso de transformación y búsqueda que genere la creación de una empresa". Es por ello, que un proyecto que incluya aspectos bien orientados como la elaboración de semillero empresarial de análisis y organización previa, busca principalmente la instauración del concepto de pre incubación de la empresa.

Con esta estrategia, según Urbano y otros (2011:85), se propone "estimular, orientar y asesorar al futuro empresario, para que se construya los basamentos reales y concretos, a partir de una idea de negocio". Para que esto sea posible, se debe conocer cuál es el capital requerido, quiénes conforman su clientela, cómo está integrada su competencia, qué necesidades logrará satisfacer y, finalmente, cuál es la viabilidad de su proyecto.

La noción de la empresa que se maneja hace énfasis en la etapa previa a la materialización de la misma y luego el momento en el cual se realiza la concepción de la idea de negocio desde una perspectiva emprendedora, para visualizar, de esta manera, la oportunidad de negocio y definir el plan de acción, con base en las competencias del emprendedor que la sugiere.

6. Factores clave del emprendimiento

Para Frixone (2012) los factores clave para emprender con éxito son: a) el que empieza un negocio debe tener claro que trabajará más de ocho horas diarias, si quiere lograr el objetivo propuesto; b) ganas de salir adelante; c) motivación por ser libre, independiente, sin jefes, sin horarios; d) capacitación continua del empresario y de los trabajadores; e) desde el punto de vista del financiamiento familiar, los suegros son los mejores financistas, los hermanos y cuñados son malos financistas;

f) utilizar los conocimientos aprendidos como empleado de otra organización a la hora de crear la propia empresa, recordando que el ser profesional no es un requisito para crear una empresa, lo que si sucede es que los emprendedores profesionales arrancan con una ventaja.

De igual manera, es necesario buscar nuevas oportunidades de negocios en lo que son necesidades básicas, como por ejemplo, alimentación, vestido, vivienda. Considerar que las alianzas estratégicas son una buena alternativa. También es necesario para lograr la meta trazada, utilizar técnicas de marketing para ampliar los mercados, tratando de no iniciar endeudado con un banco y sobretodo ser muy responsable desde todos los puntos de vista.

Según lo refiere, Frydman (2003), entre los factores que permiten el éxito en los emprendimientos están el conocimiento y análisis; aunado de la creatividad para mezclar y combinar de manera especial dichas variables; además de la capacidad para ejecutar o saber qué hacer para ejecutar la combinación adecuada.

En correspondencia, para Husenman (2006), señala tres factores clave en emprendedores, en primer lugar ser muy trabajador, tener mucha energía puesta en el trabajo; en segundo lugar destacarse como personas muy dinámicas, y finalmente, en tercer lugar, ser bastante agresivos, cuando se es atacado, responder con rapidez, no con quejas sino con acciones. En definitiva, según lo anterior los factores de éxito de los emprendedores se deben especialmente a las características personales, de información y conocimiento, de adaptación al cambio y actualización tecnológica, así como de productos.

31

7. Competencias para emprender

De acuerdo a lo expuesto por Pellicer et al (2013) cuando refieren que el concepto de iniciativa emprendedora, espíritu emprendedor o conceptos similares en el entorno educativo hacen referencia al desarrollo de cualidades personales como creatividad, disposición a la innovación, autoconfianza, motivación de logro, liderazgo y resistencia al fracaso, entre otras. Estas cualidades son necesarias, como se dice con regularidad, en cualquier contexto y para cualquier persona. Asimismo, señalan que La pregunta clave es: ¿El emprendedor nace o se hace?. **Emprendimiento social**

Autores como Arce (2012), referencian que el emprendimiento, son los motores que impulsan la existencia de expectativas y la necesidad o huida hacia adelante, en momentos de confusión económica como la actual, donde los emprendedores sociales tienen una oportunidad para convertirse en una verdadera opción en el país, crear conciencia y generar empleos en varios ámbitos. Refuerza lo expresado Reis y Clohesy, (2011:116) quienes aseguran que el emprendimiento social es influenciado por el deseo del cambio social, de sostenibilidad de la organización y los servicios sociales que presta.

Asimismo, el emprendimiento social para Choi & Majumdar (2014), consiste en adaptar las estrategias empresariales con el objetivo de contribuir al bienestar social. De esta forma, se entiende el emprendimiento social como la creación de nuevos productos, servicios y conductas empresariales que además de satisfacer las necesidades que demanda la sociedad supone una transformación social sostenible (Dacin, et al., 2010).

Por su parte, Gatica et al (2012), lo refieren como el proceso y la oportunidad de crear valor para la sociedad, generando un cambio o impacto en la comunidad, ya sea mediante la creación de productos y servicios, o mediante nuevos modelos de negocios o nuevas organizaciones, estas actividades son impulsadas a partir de las acciones de un individuo, de un colectivo o de diversas organizaciones que se desenvuelven en un contexto determinado. En líneas generales, el emprendimiento social, comprende las oportunidades que agregan valor al desarrollo de las comunidades a través de iniciativas que ayudan a propender una mejor calidad de vida, por el bienestar común de todos.

Coinciden en lo expuesto por los anteriores autores citados, Melian & Campos (2010), quienes consideran que el emprendedurismo social tiene tres objetivos: económico, social y sociopolítico. El primero referente al objetivo económico asegura que la actividad económica sea lo suficientemente sólida y que tenga retornos de inversión que le permitan ser viable financieramente; el segundo objetivo de tipo social va a ser la inclusión laboral de sectores con alto riesgo de exclusión (trabajo para privados de libertad) o la prestación de servicios a un colectivo de riesgo de exclusión que les permita financiar sus propios negocios (los micropréstamos con bajos intereses a sectores pobres de Muhammad Yunus) ; el objetivo socio político se asegura que se cumplan estos dos objetivos mediante un proceso que contenga la inclusión social y la participación de todos los agentes en la empresa.

8. Dimensiones del emprendimiento social

En este aparte se explican las dimensiones del emprendimiento social, siendo un punto de partida para establecer los criterios que sustentan desde la base de un compromiso que agrega valor al desarrollo de las instituciones y comunidades, siendo una práctica que responde a las necesidades de la sociedad o bien los vacíos del mercado, con propuestas innovadoras y financiamientos sostenibles, a fin de solventar los problemas acuciantes de las comunidades, contando asimismo con la cooperación entre los sectores públicos, privados y de organizaciones sin fines de lucro. Cabe mencionar que entre los elementos de la dimensión social se muestran los siguientes:

Iniciativa social

Según De la Cuesta et al (2003) dentro de las iniciativas sociales se encuentran unos ejes temáticos los cuales demuestran el compromiso que tiene la sociedad, dicho de esta manera tienen que ver con el enfoque ético-social que definen alternativas como la salud, el deporte, la educación, el empleo la infraestructura, son temas de importancia con un compromiso serio y digno.

Capital social

Jaramillo (2003) expone que son un conjunto de normas confianzas, valores, actitudes, y redes entre personas e instituciones en una sociedad, que definen el grado de asociatividad entre los diferentes actores sociales, facilitando las acciones colectivas y de cooperación; señala el autor que el capital social tiene varias dimensiones, ente ellas una individual, el cual contempla el grado de integración a su entorno a partir de las relaciones con las personas, familias, empresas; una dimensión sectorial, la acción de personas, familias o empresas en su sector o entorno ampliado, su interrelación y su relación con los poderes públicos, esto tiene que ver con las redes comunitarias, gremios, asociaciones entre otros. Finalmente la dimensión colectiva o nacional, tiene que ver con la sociedad en su conjunto.

Reforzando lo expuesto, Klisksberg (2003) afirma que el capital social son muestras de la riqueza y fortaleza del tejido social de una sociedad que permite tener beneficios para las personas y la sociedad en su conjunto, en tal caso, puede considerarse como una red cuyos nodos son los individuos, instituciones y cuya utilización genera rendimiento. Desde los preceptos de Novacovsky (2003) el capital social puede dividirse en individual (acceso a la información y activos, voz y participación, comunitarios (mejora del emprendimientos colectivos, acceso de bienes y servicios colectivos) y societal (incremento de emprendimientos, estimula la creatividad, y mitiga riesgos de fractura social).

Todo lo señalado esgrime la importancia que tiene el capital social para reforzar una cultura en emprendimiento, en la cual se requiere la participación activa de todos los actores que hacen vida activa en una determinada institución.

9. Características individuales de los emprendedores desde la perspectiva de sus motivaciones

Independencia

La independencia es uno de los aspectos más característicos de los emprendedores. La gran mayoría de los teóricos sobre emprendimiento consideran a este factor dentro de sus análisis.

Para Hisrich et al (2005), la necesidad de independencia está relacionada con la necesidad de control; los emprendedores tienden a realizar las cosas a su manera. Encontrando difícil trabajar para otros Lo anterior coincide con lo planteado por Urbano y Toledano (2008), para quienes los empresarios muestran una clara inclinación por la autonomía e independencia, hecho que justifica, en parte, su preferencia por llegar a ser sus "propios jefes". Esto se manifiesta en un rechazo a trabajar bajo las órdenes de otra persona, o estar sometidos a la rigidez de un horario, un salario y una actividad perfectamente definida.

Además, se manifiesta a través del deseo de poner en marcha sus propias ideas e iniciativas. Al respecto, según Krauss, Frese, Friedrich y Unger (2005), la necesidad de independencia conduce a una expresión de la individualidad, lo cual se manifiesta en la negación a seguir un patrón establecido por una organización; implica, en resumen, que los emprendedores valoran su propia toma de decisiones y les desagrada recibir órdenes de superiores.

Logro

La necesidad de logro, desarrollada por McClelland (1965), es otro de los factores de la personalidad más ampliamente considerados en los estudios sobre emprendimiento. Según dicho autor, los emprendedores muestran impulsos muy elevados en cuanto a la necesidad de logro y de poder, pero una baja necesidad de afiliación. Esta necesidad lleva a los individuos a imponerse metas elevadas, buscando la excelencia y aceptando responsabilidades.

Por su parte, Caldas et al (2009), apoyan esta teoría y sostienen que la motivación al logro implica la consecución de las metas propuestas, sin cesar en la búsqueda del éxito proyectado, a pesar de los fracasos y de los riesgos asumidos. Desde el punto de vista empresarial, de acuerdo con Robbins (2005), los emprendedores tienen como principales metas el crecimiento y la rentabilidad. Sin embargo, no todas las nuevas empresas crecen, pues muchas se mantienen en el mismo lugar, ya sea por elección u omisión.

Poder

El poder es según McClelland (1965) una de las necesidades más fundamentales de los emprendedores. Al respecto, para Gasse y Tremblay (2009), aquellos que aman el poder están frecuentemente animados por el deseo de dirigir e influenciar. Concretamente, estas personas muestran voluntad para coordinar las acciones y controlar los recursos; de igual manera, se sienten atraídos por mantener un cierto estatus social.Aceptación de riesgos

La toma de riesgos puede definirse, según Brunet (2009), como la propensión a comprometerse en una acción en función de las probabilidades de éxito, dadas ciertas posibilidades de fracaso. Está relacionada estrechamente con la naturaleza del espíritu emprendedor; sin embargo, con frecuencia es poco valorizada y estimulada.

En este sentido, desde la perspectiva de Lugo (2010), los riesgos no son simplemente peligrosa evitar, sino en muchos casos, oportunidades para aprovechar. Todos los agentes económicos, incluyendo las organizaciones empresariales, están sometidos a diversos tipos de riesgos, los cuales evidencian el grado de incertidumbre sobre la ocurrencia de un evento aleatorio o fortuito que pone en peligro la estabilidad o salud de la empresa.

Al respecto, de acuerdo con Caldas et al (2009), aunque el riesgo no dependa de la voluntad y el deseo del empresario, sí implica una vivencia personal la cual podría generar duda y temor debido a la obligación de tomar decisiones y ejecutarlas, sabiendo de antemano que las consecuencias podrían significar la probabilidad de pérdidas.

El riesgo supone, entonces, tomar decisiones y asumir sus consecuencias evidencian el grado de incertidumbre sobre la ocurrencia de un evento aleatorio o fortuito que pone en peligro la estabilidad o salud de la empresa.

En referencia a lo antes mencionado, existen diversos enfoques con respecto a cómo asumen los riesgos los emprendedores. Según Hisrich et al (2005), la aceptación de riesgos, ya sean financieros, sociales o psicológicos, forma parte del proceso de iniciativa empresarial. En esto coinciden Caldas et al (2009), para quienes el riesgo es inherente a la actividad emprendedora, pues se desarrolla en un entorno impredecible, donde actúan muchos factores internos y externos a la organización, muchos de los cuales no se pueden controlar.

Oportunismo

Ta como lo refiere Robbins (2005), el emprendimiento va más allá de la simple creación de empresas; ser emprendedor implica necesariamente estar en una constante búsqueda de oportunidades y tener la capacidad para identificarlas. En este sentido, se trata de ser observador, analítico, al tiempo que se toman decisiones de negocio oportunas.

Perseverancia

La perseverancia implica la voluntad para insistir a pesar de los fracasos u obstáculos que pudieran presentarse. De acuerdo con Gasse y Tremblay (2009), la perseverancia se traduce en una determinación constante para llevar a cabo esfuerzos hacia la búsqueda de soluciones a los problemas; implica tenacidad y capacidad de respuesta a las adversidades. No obstante, según Seligman (2006), la perseverancia no implica la búsqueda obsesiva de objetos inalcanzables; por el contrario, es necesario ser flexible, realista y no perfeccionista.

Autoconfianza

La autoconfianza es otra de las cualidades de los emprendedores. De acuerdo con Brunet (2009), en el plano personal, el individuo que busca mejorar su desempeño; está condicionado a ser cada vez más eficaz y los resultados influyen en la autoestima. Ante las adversidades, según Gruhl (2009), las personas resilientes se ven a sí mismas de manera positiva, apoyados en la confianza básica de poder movilizar sus capacidades personales y digerir los reveses; su autoestima es, en esencia, independiente en gran medida de influencias externas.

Optimismo

El optimismo es una disposición del ser humano a asumir una postura positiva ante los acontecimientos. De acuerdo con Gruhl (2009), los optimistas y los pesimistas se diferencian entre sí por la forma en que ven, sienten y experimentan el mundo, su propia persona y los demás. Cuando surgen los problemas, los optimistas activan automáticamente sus estrategias para la gestión de crisis; por el contrario, los pesimistas se concentran en los aspectos desoladores de la situación y en las dificultades futuras.

Creatividad

Los emprendedores deben tener la capacidad para producir diferentes alternativas de solución ante los desafíos y problemas que se presenten. En esto coinciden Koontz y Weihrich (2004), para quienes los emprendedores tienen ideas creativas, emplean sus recursos y habilidades administrativas para satisfacer las necesidades identificables en el mercado.

Según Urbano y Toledano (2008), los empresarios son personas con tendencia a evitar los caminos normarles, para adentrarse en un mundo lleno de incertidumbre. En el ámbito de los negocios, de acuerdo con Hernández (2010a), ser creativo e imaginativo podría generar nuevos horizontes de crecimiento, no sólo en cuanto a la venta de productos y servicios, sino también en la posibilidad de llegar a ser un proveedor de excelencia y efectivo. Lo emprendedores siempre buscan las alternativas y oportunidades para generar ingresos, aún en tiempos de crisis.

Un ejemplo de esto podría ser un emprendedor que, si bien no cuenta con grandes recursos económicos y tecnológicos para impactar publicitariamente, aplica su ingenio, talento humano y creatividad para promover su oferta, hacer crecer sus ventas y consolidar su cartera de clientes. Desde la perspectiva de Gruhl (2009), el pensamiento creativo es requerido en las crisis, porque rara vez se pueden controlar situaciones nuevas con los medios habituales. Cuando aparecen obstáculos, hay que encontrar nuevos caminos y modificar continuamente las estrategias.

Innovación

Los emprendedores siempre buscan las alternativas y oportunidades para generar ingresos, aún en tiempos de crisis. Un ejemplo de esto podría ser un emprendedor que, si bien no cuenta con grandes recursos económicos y tecnológicos para impactar publicitariamente, aplica su ingenio, talento humano y creatividad para promover su oferta, hacer crecer sus ventas y consolidar su cartera de clientes.

Desde la perspectiva de Gruhl (2009), el pensamiento creativo es requerido en las crisis, porque rara vez se pueden controlar situaciones nuevas con los medios habituales. Cuando aparecen obstáculos, hay que encontrar nuevos caminos y modificar continuamente las estrategias.

Con respecto a la innovación, según Koontz y Weihrich (2004), el espíritu emprendedor supone insatisfacción con el estado de las cosas prevaleciente y conciencia de la necesidad de hacer las cosas de otra manera. En este sentido, Robbins (2005) afirma que el emprendimiento va más allá de la simple creación de empresas; ser emprendedor implica necesariamente ser innovador y estar en una constante búsqueda de oportunidades; implica tratar de cambiar, revolucionar, transformar o introducir nuevos productos o servicios, o nuevas formas de hacer negocios.

Al respecto, de acuerdo con Hisrich et al (2005), la innovación es el acto de desarrollar algo nuevo y único. Se requiere la habilidad para crear y comprender, al mismo tiempo, todas las fuerzas influyentes en el entorno, por lo cual resulta un asunto completo.

En efecto, según Brunet (2009) la innovación puede inhibirse ante la percepción de que una idea original puede conllevar mayores riesgos. Sin embargo, para Koontz y Weihrich (2004), la innovación no es cuestión de suerte; requiere de un trabajo sistemático y racional, bien organizado y dirigido a la obtención de resultado.

10. Emprendimiento empresarial

Puede ser abordado desde diversas perspectivas: Gámez (2009), en su "aproximación a los modelos de emprendimiento", logró describir esta variable desde diferentes enfoques, concluyendo que la escuela económica ofrece una comprensión del fenómeno emprendedor desde las acciones del individuo para maximizar la utilidad y lograr su bienestar; por otra parte, la visión Sociológica considera al individuo y su relación con la búsqueda del desarrollo, a partir de la creación de valor económico.

No obstante, en este trabajo, el emprendimiento empresarial fue analizado desde el punto de vista del factor humano, por lo cual se buscó determinar cómo las características individuales del emprendedor pueden ser determinantes en los procesos de creación, sostenimiento y crecimiento de una empresa, de manera que resulte atractivo para los estudiantes adentrarse en el camino del emprendimiento como parte de su plan de vida.

Desde un enfoque individual, según Urbano y Toledano (2008), el emprendimiento empresarial es una forma de pensar, razonar y actuar vinculada y suscitada por la búsqueda de una oportunidad de negocio. De manera más amplia, Hisrich et al (2005), definen al emprendimiento empresarial como el proceso de crear algo nuevo con valor, dedicando tiempo y el esfuerzo, asumiendo los correspondientes riesgos financieros, psicológicos y sociales, para obtener así las recompensas resultantes de la independencia económica y personal.

Por su parte, Robbins (2005), lo denomina "espíritu emprendedor", definiéndolo como el proceso mediante el cual un individuo o un grupo empeña sus esfuerzos organizados en la búsqueda de oportunidades para crear valor y crecer, satisfaciendo deseos y necesidades mediante la innovación y la diferenciación, independientemente de los recursos disponibles.

11. Emprendimiento escolar

Según lo establecido por Jaramillo (2008), el Emprendimiento Escolar es una capacidad de los seres humanos para salir adelante de manera novedosa y con ideas renovadas, las palabra emprendimiento viene del francés "entrepreneus" que significa pionero; por lo tanto el emprendimiento escolar no es solo una visión única y externa del proceso de enseñanza aprendizaje sino, como una condición interna de la educación en donde la educación debe facilitar el desarrollo de nuevas habilidades personales, como la capacidad de innovar, encontrar soluciones creativas y adaptarse al cambio. Para la Universidad de los Andes (2009), el Emprendimiento Escolar, es el aporte de llevar adelante una idea y transformarla en un bien o servicio completo, además de la capacidad de innovar, liderar y satisfacer alguna necesidad o demandas educativas.

Así mismo, Moncayo (2006), plantea el Emprendimiento Escolar como la forma de pensar, razonar y actuar centrada en las oportunidades, el emprendimiento escolar tiene una importancia vital para el desarrollo de la educación, fomentando una educación integral del ser humano. Al comparar los planteamientos de Jaramillo (2008), Universidad de los Andes (2009) y Moncayo (2006), coinciden en algunos aspectos del Emprendimiento como algo interno del ser humano, capaz de pensar y razonar, más sin embargo de igual manera difieren en que el Emprendimiento Escolar no solo es un bien personal sino también en que puede transformarse en un servicio público.

12. Tipos de emprendimiento

Existen diferentes tipos de emprendimiento, en esta parte se hace mención de cada uno de ellos y de su conceptualización, entre los conceptos realizados figuran los que a continuación se mencionan. Para la universidad de los Andes (2009), es la forma en la cual el mundo que se enfrenta hoy, como educadores exige estar acordes con un buen desempeño como profesionales, de allí que los tipos de emprendimiento sean modelos a seguir.

Según Moncayo (2006), Indica que los tipos de emprendimientos son aspectos independientes a las motivaciones que dan lugar a la personas para asociar actitudes y comportamientos ligados al compromiso y estos se basan en dos aspectos como lo son: Necesidad y Deseo.

Necesidad

El emprendedor por necesidad es aquel que se lanza a la aventura de poner en marcha sus propósitos y proyectos aprovechando las oportunidades de la vida que surgen mediante sus conocimientos y su propia vocación, enfrentándose a las necesidades extremas que se presentan a lo largo de su trayectoria. Según Moncayo (2006), por condiciones de la vida se enfrenta a necesidades extremas y en el contexto de esa urgencia descubre el alma de emprendedor y logra salir adelante.

Los autores opinan, que hoy por hoy la necesidad es uno de los factores primordiales en la educación para desarrollar la capacidad emprendedora, en cada uno de los estudiantes, teniendo como resultado el desarrollo de las habilidades humanas y emprendedoras para salir adelante en todo aspecto de la vida.

Deseo

El emprendedor por deseo es aquel que surge y busca oportunidades en la vida de salir adelante con una formación formal, dedicando sus esfuerzos y habilidades humanas para encontrar nuevas oportunidades, utilizando los recursos y herramientas que se encuentran en su entorno de allí que.

Según Moncayo (2006), plantea que es una forma de pensar, razonar y actuar centrada en las oportunidades de la vida que con una Educación formal dedican sus esfuerzos y recursos a aplicar sus conocimientos. Las investigadoras opinan, que en el nivel educativo un estudiante emprendedor por deseo es aquel que mantiene una forma de pensar centrada en las oportunidades que se presentan, dedicando todo su esfuerzo para alcanzar una meta y asimismo lograr sus propósitos planteados a lo largo de su vida.

13. Prácticas de emprendimiento

Prácticas de emprendimiento Es frecuente encontrar en las sociedades actuales un sector público que provee deficientemente los servicios sociales, paralelamente, el sector privado es acusado a menudo de tener una actitud poco ética, ya sea con sus empleados o con sus clientes, y de preocuparse escasamente por los efectos medioambientales y sociales de su actividad. Según Monsalve (2009), las prácticas de emprendimiento nacen con la voluntad de corregir estas deficiencias, las mimas pueden estar enmarcadas en la promoción de acciones de comunicación de la empresa con la comunidad para el fortalecimiento de las relaciones. Esto determina además el poder definir un objetivo comunicacional mediante la generación de una estrategia coordinada sobre todas las actividades a elaborar y cuya relación da coherencia a todas y cada una de estas acciones.

Por lo tanto, el citado autor, plantea la necesidad de conformar un plan de comunicación el cual pueda distinguir el beneficio de incorporar todos los elementos mediante establecer un método con todos los actores, incluidos el involucramiento de la empresa misma para la que se desarrolla dicho plan, de esta manera será fundamental dicho cercamiento.

Con respecto a lo planteado, Drayton (2005), señala que los emprendedores sociales asumen como prácticas de emprendimiento, la creatividad y que personalmente necesitan provocar un cambio a su alrededor. Además, están marcados por unos principios éticos que generan confianza en las personas de su alrededor. Así mismo, Según Drucker (2010), las personas que llevan a cabo Emprendimiento Social, asumen como norte, la modificación de la forma de actuar la sociedad, transforman a través de la detección de problemas y el desarrollo de soluciones innovadoras, así como fortalecen estas iniciativas logran aportar nuevas normas o comportamientos sociales.

Con base a los postulados de Monsalve (2009), Drayton (2005) y Drucker (2010), puede afirmarse que las prácticas de emprendimiento establecen para la gestión de la gerencia aquellas acciones destinadas al cumplimiento de los principios esenciales organizacionales los cuales permiten responder a las necesidades identificadas, estas han de estar enmarcadas en las opciones señaladas para no brindar posibilidades de improvisación.

14. Emprendimiento sostenible

El emprendimiento sostenible se caracteriza por ser una forma de integración social, humana y económica, con la finalidad de realizar iniciativas de negocios que permitan el aprovechamiento de las oportunidades que se presentan en el entorno, así mismo se identifica por buscar la mejor forma de producir bienes y servicios que satisfagan las necesidades de la colectividad, incorporando a su actividad la creatividad así como la innovación, otra de sus características relevantes es tomar al individuo como valor agregado de coopetencia, para el desarrollo integral del entorno económico, logrando así una estabilidad que garantice su sostenibilidad. Esta nueva visión de emprendimiento sostenible por su carácter innovador, viene a desplazar la concepción tradicional donde el beneficio es aprovechado de forma individualista, de empoderamiento económico capitalista, sin pensar en el hombre como ser inteligente capaz de crear e innovar y trasformar su realidad, desde esta perspectiva `el mismo es visto como simple mano de obra para explotar creando fortuna para unos pocos.

Por tanto el emprendimiento sostenible vendrá a conglomerar un conjunto heterogéneo de iniciativas destinadas a generar de forma paralela bienes económicos, sociales y ecológicos López, (2012). En otras palabras desde el punto de vista de la investigación social el emprendimiento sostenible es asumido e identificado como el proceso del estudio de quien y como son descubiertas creadas, ordenadas así como explotadas las oportunidades, para traer a la existencia futuros bienes y servicios teniendo en cuenta sus consecuencias económicas, sociales también medio ambientales, Cohen y Franco (2005).

En tal sentido Porras y Sierra (2010) señalan que el emprendimiento, hoy en día, ha ganado una gran importancia por la necesidad de muchas personas de lograr su independencia y estabilidad económica.

Los altos niveles de desempleo así como la baja calidad de los empleos existentes han creado en las personas, la necesidad de generar sus propios recursos, iniciar sus negocios pasando de ser empleados a ser empleadores. El desarrollo emprendedor es un fenómeno de naturaleza sistémica, el surgimiento y desarrollo de nuevas empresas dinámicas requiere, que haya personas con vocaciones y motivaciones claras para emprender, con proyectos de empresa que tengan potencial de crecimiento, con capacidades apropiadas para llevarlos a buen puerto. Dos factores muy ligados entre sí que inciden en la existencia de personas con motivaciones así como con capacidades para emprender son la cultura y la educación. Kantis, (2008).

15. Espíritu emprendedor

Dadas las condiciones actuales del entorno, los gerentes deben estar preocupados por la interacción continua con el entorno y su capacidad rápida de respuesta a las exigencias del mismo de una manera innovadora y creativa, es por esto que el espíritu emprendedor se ha convertido en una habilidad gerencial estratégica para el alcance del éxito organizacional.

Por tanto, Hernández y Rodríguez (2006:261), refieren que el espíritu emprendedor "radica fundamentalmente en la ambición de progresar, tener éxito y un constante crecimiento, que se puede reflejar sobre todo en el uso del conocimiento y la formación profesional". Es por esto, que Formichella (2009:227) manifiesta que el espíritu emprendedor se define como", la capacidad de dar uso diferente a los que ya se posee, de tal manera que se genere un impacto significativo, mediante la necesidad de logro e innovación y el carácter positivo hacia el alcance de las metas propuestas". Se puede indicar, que el espíritu emprendedor se entiende como una forma de pensar, razonar sistemáticamente y actuar centrado en las fortalezas y oportunidades, planteadas con visión global y llevada a cabo mediante un liderazgo equilibrado y la gestión de un riesgo calculado.

Por otro lado, David (2008:249), argumenta que el espíritu emprendedor " es la habilidad de aprovechar las capacidades individuales para visualizar los problemas existentes como posibles oportunidades de mejora". Para ello, el gerente debe tener una amplia visión de las fortalezas y debilidades de cada uno de los integrantes de la organización, con el fin de aprovecharlas en la transformación de los problemas presentados en potenciales oportunidades.

Asimismo, Camero y Cerquera (2007:243), definen el espíritu emprendedor "como una fuerza vital con la cual se impulsa hacia la realización de grandes cosas, actuando de manera decidida, innovadora y motivada de tal manera que se cumplan objetivamente las metas propuestas y así poder alcanzar el éxito, convirtiendo los problemas organizacionales en oportunidades de mejora y superación".

Al respecto, Lussier y Achua (2009:252), define el espíritu emprendedor como: La habilidad gerencial como aquella condición humana que permite percibir las oportunidades sociales con el fin de lograr sus objetivos, a través de una motivación constante y la habilidad de movilizar una serie de recursos a fin de ir al encuentro de dicha oportunidad y materializarla en la obtención de la meta deseada De igual modo, el autor destaca elementos esenciales en el espíritu emprendedor como habilidad gerencial del gerente, la capacidad de innovación, la capacidad de motivación y de trabajo responsable, el espíritu de superación y perseverancia y la visualización de problemas como oportunidades de mejora.

En otro orden de ideas, de acuerdo a Gutiérrez (2012) los factores idóneos para el surgimiento del espíritu emprendedor son: la libertad, la educación, el entorno y un fortalecido escenario institucional. A continuación se detallan estos cuatros componentes descritos por Gutiérrez (2012):

*La libertad, es uno de los componentes para el nacimiento de un espíritu emprendedor, teniendo en cuenta que la actitud de todo emprendedor involucra comenzar, investigar, arriesgarse, las mismas sólo son posibles en un ambiente de libertad, pues sólo él puede dar la oportunidad de no colocar límite alguno a las ideas y darle paso a la creatividad, para así realmente poder aprovechar las oportunidades.

*La educación, es otro factor que sin duda alguna ejerce una gran influencia sobre la formación de un perfil emprendedor pues permite avizorar las oportunidades y analizar los recursos existentes, además de lograr la vinculación entre estos aspectos.

*El entorno o el medio en el que se desempeña un emprendedor es uno de los factores también importantes, en el sentido de que es ahí donde se desarrolla el emprendedor. En muchos lugares un emprendedor es promovido como un líder y como una fuerza positiva en la sociedad, no obstante existen lugares donde el emprendedor enfrenta un horizonte totalmente diferente donde es más bien coartado.

El tiempo y el esfuerzo que establezcan los emprendedores lograrán conseguir cambiar la percepción de la sociedad con relación al valor que involucra la actividad emprendedora. El escenario institucional, resulta también primordial para favorecer el nacimiento del espíritu emprendedor debido a que regula las actividades económicas y sociales, siendo indispensable un escenario sólido que logre proyectar un futuro con reglas claras establecidas, además de generar un acceso a la información ya que ésta es fundamental para la toma de decisiones.

16. Visión emprendedora

Para Hernández et al (2015) la visión emprendedora se considera muy relevante en todos los ámbitos de la sociedad, es especialmente significativa entre los jóvenes, caracterizado por su creatividad, innovación, espíritu emprendedor y aventurero, menor temor al riesgo y mayor sensibilidad hacia los cambios tecnológicos, lo que los hacen mayores candidatos a llevar a cabo este tipo de proyectos.

Agregando, de igual manera, los autores referenciados que se entiende a la visión como el lugar a dónde queremos llegar, como nos vemos en un tiempo determinado, luego entonces la visión emprendedora es la proyección a futuro de una persona como empresario con un negocio establecido y con éxito. Lo anterior probablemente es la visualización que tuvo un empresario cuya empresa se ha establecido y ha crecido en el mercado (Trias, 2007).

Por lo anterior, el desarrollo esta tipo de visión en los estudiantes universitarios es tarea importante de las instituciones de educación superior, para lo cual el diseño de estrategias para este fin es tarea no solamente de la dirección, sino de un grupo de personas dedicadas a la tarea del desarrollo de una cultura emprendedora que promueva la visión empresarial.

17. Motivación emprendedora

Sastre (2013:2) hace referencia a que la motivación emprendedora, en mayor o menor medida, ha estado presente a lo largo de toda la historia de la humanidad y parece intensificarse y florecer principalmente en los períodos de globalización.

Por ello, la actividad emprendedora, ya sea por genuino interés o por necesidad, es importante si consideramos la salud económica y social de una sociedad. Desde el punto de vista social, porque brinda oportunidades de trabajar y crear fuentes de trabajo y, desde el punto de vista económico porque contribuye con la generación de riqueza (Torres Carbonell, 2010). Es por ese motivo, entre otros, que en las sociedades en general, es común encontrar mecanismos de apoyo para la actividad emprendedora.

Capítulo V: Planificación Estratégica

Para definir el término de planificación estratégica, es esencial considerar el concepto de planificación. Stoner, Freeman y Gilbert (2006), quienes indican que la planificación implica un proceso de establecer metas y elegir medios para alcanzar dichas metas.

Es por tanto un proceso que se sigue para determinar de forma exacta lo que la organización hará para alcanzar sus objetivos. Se entiende a partir de lo expuesto, que la planificación es el proceso de evaluar toda la información relevante y los desarrollos futuros probables, da como resultado un curso de acción recomendado: un plan.

Dicho plan implica establecer objetivos y escoger el medio más apropiado para el logro de los mismos antes de emprender la acción. Bajo esta perspectiva, la planificación se anticipa a la toma de decisiones.

Aunado a lo anterior, Cuervo (2003) indica que la planificación, bajo el enfoque estratégico, es concebida como un proceso mediante la cual los decisores en una organización analizan y procesan información de su entorno interno y externo, evaluando las diferentes situaciones vinculadas a la ejecutoria organizacional para prever y decidir sobre la direccionalidad futura.

Por consiguiente, la planificación estratégica está diseñada para satisfacer las metas generales de la organización, mientras la planificación operativa muestra cómo se pueden aplicar los planes estratégicos en el quehacer diario.En este sentido, la planeación estratégica de acuerdo a los criterios de Serna (2012) representa el proceso mediante el cual, quienes toman decisiones en una organización obtienen, procesan y analizan información pertinente, interna y externa, con el fin de evaluar la situación presente de la empresa, así como su nivel de competitividad con el propósito de anticipar y decidir sobre el direccionamiento de la institución hacia el futuro.

En el mismo orden de ideas, Sapiro (2010), manifiesta que la planificación estratégica es el proceso que sirve para formular las estrategias de la organización con la finalidad de insertarla, según su misión, en el contexto en el que se encuentra. Este proceso no debe ser formal y burocrático, sino, que debe iniciar con preguntas tan simples como: ¿Cuál es la situación presente en la organización? ¿Cuál es su desempeño con los clientes y frente a los competidores? Si no se aplicara cambio alguno, ¿Cómo sería la organización dentro de un año? ¿Dentro de dos, cinco o diez años? Si las respuestas a las preguntas anteriores, no fueran aceptables, ¿Qué decisiones deberían tomar los gerentes? ¿Qué riesgos entrañarían?

Por tanto, se requiere desarrollar un pensar estratégicamente que según Garrldo (2007), es un princlplo elemental que afortunadamente no pasa de moda para el género humano y es siempre un buen inicio para cualquier empresa del conocimiento, continúa diciendo el autor que esta postura se mueve en el eje de la pragmática institucional, empresarial y profesional.

Así mismo, es un proceso a través del cual se evalúa el entorno para crear estrategias corporativas orientadas a diferenciarse de la competencia, ofreciendo así a los clientes, algo que no puede obtener en algún otro lado. Actividad esta, que debe llevarse a cabo continuamente por quienes están a cargo de la gerencia, en cualquier tipo de empresa. Además, refiere el autor antes citado, que este proceso se constituye en una poderosa herramienta de efectos concretos, reales y pragmáticos para el quehacer de la organización. De igual manera, sustenta que el pensamiento estratégico "es el ADN de la planificación estratégica" (p.68). Afirma, además, que la labor de la planificación estratégica se ve enriquecida cuando precede a los ejercicios (colectivos o individuales) del pensar estratégico.

Por su parte, Chiavenato (2010), expresa que la planeación estratégica es un proceso organizacional amplio que implica aprobación, toma de decisiones y evaluación, busca responder preguntas básicas como por qué existe la organización, qué hace y cómo lo hace. El resultado de este proceso es un plan que sirve para guiar la acción organizacional en un plazo de tres a cinco años; y como agrega Ohmae (2004), el análisis, es el punto crucial de arranque del pensamiento estratégico.

Siendo así, la planificación estratégica es el recurso para conseguir lo que uno quiere, contestando cuatro preguntas: ¿dónde estaba ayer? ¿Dónde estoy hoy?

¿Dónde quiero estar mañana? y ¿cómo haré para conseguirlo? Es más sencillo elaborar un plan que ejecutarlo. Lo difícil es visualizar el futuro que se desea y desde el cual se pueda construir el presente que se necesita para lograrlo. (Chiavenato, 2010).

Según Testa (2009), la planificación se desarrolla en dos aspectos: político (distribución del poder) y estratégico (formas de poner en práctica el poder). Por tanto, para el logro de la planificación debe existir coherencia plena entre los propósitos políticos del estado, los métodos aplicados y el accionar de las organizaciones o instituciones (este requisito se denomina, Principio de Coherencia). En conclusión, la planificación estratégica no es sólo definir un objetivo para alcanzar, sino un proceso social complejo que gira en torno de objetivos políticos definidos.

Por otro lado, es importante señalar que los planes estratégicos y los planes operativos están vinculados a la definición de la misión de una organización, la meta general que justifica la existencia de una organización. Los planes estratégicos difieren de los planes operativos en cuanto a su horizonte de tiempo, alcance y grado de detalle.

David (2004), refiere que la planificación estratégica es planificación a largo plazo que enfoca a la organización como un todo. El autor indica que el manejo de la planificación estratégica pasa por conocer el concepto de estrategia. La misma comprende un conjunto de acciones establecidas sobre la base de un plan coordinado; con el fin de lograr los objetivos proyectados por la organización.

De igual forma, en opinión de los autores analizados, los cambios que se han experimentado en la sociedad y en la economía, han generado mutaciones importantes trayendo consigo nuevos paradigmas en la manera de ejercer la gerencia, como es el caso de la utilización de herramientas estratégicas, las cuales han sido aplicadas con éxito en todos los sectores, mediante el uso de herramientas como: Matriz DOFA e Indicadores de Gestión.

Siendo necesario destacar que para introducirnos en el estudio de la estrategia, es importante conocer que su origen data de tiempos ancestrales en el campo militar. Posteriormente, el dinamismo en el crecimiento de las organizaciones, la ampliación y globalización de los mercados, el cual trae consigo la competencia y la necesidad de subsistir en los diferentes escenarios, hace su aparición en las organizaciones empresariales.

Según Chandler (1962) citado por Francés (2006:23) la estrategia es "La determinación de los fines y objetivos básicos de largo plazo de la empresa y la adopción de cursos de acción, y asignación de recursos, necesarios para alcanzar esos fines". De ésta definición se destacan dos aspectos, en primer lugar "objetivos básicos de largo plazo" y el segundo que se refiere a la empresa en forma general sin identificar si es pública o privada. Adicional a los conceptos expresados anteriormente, existen otros enfoques para definir la estrategia, como es el caso de Kaplan y Norton (2004:31 quienes mencionan que:

La estrategia de una organización describe de qué forma intenta crear valor para sus accionistas y clientes. Si el activo intangible de una organización representa más del 75 por ciento de su valor, entonces la formulación y ejecución de su estrategia requiere que se contemple explícitamente la movilización y alineación de los activos intangibles.

En consecuencia, la estrategia tiene diferentes enfoques dependiendo del campo de aplicación. Así se hace referencia a la planificación estratégica y a la gerencia estratégica, de igual forma se refieren algunos autores de la gerencia estratégica aplicada a pequeñas empresas, estrategias corporativas y la gerencia estratégica en organizaciones gubernamentales y entidades sin ánimo de lucro, entre otros.

Por otra parte, Kaplan y Norton (Ob. Cit) señalan:

La Estrategia no es un proceso de gestión independiente, sino que es un paso de un proceso continuo lógico que moviliza a una organización de una declaración de misión de alto nivel al trabajo realizado por los empleados administrativos y de atención al cliente. (p.61) Asimismo, tal como se mencionó anteriormente, es importante considerar que una de las herramientas más utilizadas en la planificación estratégica es la matriz DOFA (debilidades, oportunidades, fortalezas y amenazas). Al respecto, Serna (2008:185) señala: " El análisis DOFA está diseñado para ayudar al estratega a encontrar el mejor acoplamiento entre las tendencias del medio, las oportunidades y amenazas y las capacidades internas, fortalezas y debilidades de la empresa" .

1. Formulación de objetivos en la planificación estratégica

Los objetivos son el fundamento de cualquier programa de gerencia. La misión aclara el propósito de la organización a la administración. Los objetivos trasladan la misión a términos concretos para cada nivel de la organización. Para Chiavenato (2006), la organización "consta de una serie de componentes proyectados para alcanzar un objetivo particular, de acuerdo con un plan determinado". En esta definición hay tres puntos importantes: propósito u objetivo hacia el cual se proyecta el sistema; el proyecto o disposición de los componentes; y las entradas de información, energía y materiales, destinadas a hacer funcionar la organización. (p. 15).

Toda organización tiene alguna finalidad, alguna noción del porqué de su existencia y de lo que va a realizar; por consiguiente, debe definirse la misión, los objetivos y el ambiente interno que necesitan los participantes, de los que depende para alcanzar sus fines.

Afirma Chiavenato (2006): "si no tiene noción de cuál es su misión y hacia dónde se dirige, corre el riesgo de ir a la deriva y serán las condiciones del momento las que determinen qué debe hacer. Estará obligada a aceptar lo que otros decidan y no lo que ella determina". (p.15). Según el referido autor, "los objetivos son los puntos hacia los cuales las empresas encaminan sus energías y recursos. Si la organización es un medio de lograr los fines mediante la capacidad de los individuos, los objetivos son metas colectivas que representan aspectos socialmente significantes" (p.15). Cabe mencionar que los objetivos usualmente son considerados en términos de acciones a lograr, los cuales se operacionalizan con tareas específicas asignadas en cada uno de los niveles jerárquicos de las organizaciones.

Las organizaciones educativas son unidades sociales que persiguen objetivos específicos: su razón de ser es servir a esos objetivos. En el criterio de Chiavenato (2006), los objetivos se relacionan con lo que la organización desea lograr, es decir, refiere al desarrollo que espera alcanzar a través de sus acciones. Las organizaciones educativas o no son entidades orientadas hacia los objetivos, casi todo en las organizaciones se orienta hacia una meta, finalidad, estado futuro o resultado a alcanzar. Cada organización define sus propios objetivos organizacionales.

Según lo expresa David (2008:5):

La administración estratégica es la ciencia de formular, implementar y evaluar decisiones que le permitan a una organización lograr sus objetivos, esta se enfoca en integrar la administración, el marketing, las finanzas y la contabilidad, la producción y las operaciones, las actividades de investigación y desarrollo, así como los sistemas computarizados de información, para lograr el éxito de la organización. Dicho autor usa el término administración estratégica como sinónimo de planeación estratégica, este último término es el más común en el mundo empresarial, mientras que el primero es más frecuente en el ámbito académico.

Así mismo, Membrado (2013:5), establece que: Toda empresa que compite lo hace según una estrategia y que dicha estrategia puede ser desarrollada de una forma explícita, a través de un proceso de planificación o implícita, debido a la interacción de las actividades de las áreas funcionales. El énfasis dado a la planificación estratégica por parte de las empresas con mayor posicionamiento, reflejan el hecho de que son mayores los beneficios de realizar una planificación estratégica explicita que implícita, ya que asegura, al menos, que las políticas de los departamentos funcionales estén coordinadas y dirigidas hacia el mismo objetivo.

De igual forma, David (2008:5), la define como administración estratégica, en este sentido, se fija posición con el autor pues la planificación estratégica es una herramienta de diagnóstico, análisis y toma de decisiones, que se sitúa en el que hacer actual y al camino que deben recorrer en el futuro las organizaciones e instituciones, para adecuarse a los cambios y demandas que les impone el entorno para lograr al máximo la calidad en sus productos y servicios. El proceso del desarrollo de un análisis interno es un proceso en el cual se identifican fortalezas y debilidades de la organización o del área funcional del negocio.

David (2008:122) desde su punto de vista establece que la evaluación interna se debe enfocar en identificar y evaluar las fortalezas, debilidades de una empresa donde estén incluidas todas las áreas funcionales como las de administración, marketing, finanzas, contabilidad, producción, operaciones, investigación y desarrollo, así como los sistemas de información gerencial. Se evalúan las relaciones entre estas áreas y las implicaciones estratégicas de los conceptos importantes de las áreas funcionales.

Serna (2008:167), presenta como evaluación interna un análisis que consiste en evaluar su situación presente. Según el autor referido, en el mundo empresarial no existe una definición estándar de lo que es el auditaje de una organización. Cada empresa determina el enfoque como la profundidad del diagnóstico que requiere para revisar y actualizar su estrategia actual.

De igual manera, Membrado (2013:41) establece que en la asignación de recursos la organización deberá gestionar sus recursos financieros en apoyo de su política y estrategia. Para ello es fundamental el proceso global de la planificación, donde la planificación financiera será un paso importante de la planificación a corto y largo plazo, y por ello soportará la política y estrategia de la organización. Así la organización demuestra su apoyo asignando partidas presupuestarias para financiar la formación, los programas de equipos de mejora, los reconocimientos, la política salarial y de promociones, entre otros aspectos importantes.

Conforme pasa el tiempo las estrategias se vuelven obsoletas, es por ello la importancia de evaluar la estrategia constantemente, en tal sentido David (2008:336), define que: la evaluación de la estrategia es esencial para el bienestar de una organización; las evaluaciones oportunas permiten alertar a la administración sobre problemas actuales o potenciales antes de que una situación llegue a ser crítica. La evaluación de la estrategia incluye tres actividades básicas: 1. examinar las bases subyacentes a la estrategia de una empresa, 2. comparar los resultados esperados con los resultados reales; y 3. tomar acciones correctivas para asegurarse de que el desempeño va de acuerdo con los planes.

Por su parte Thompson, Peteraf, Gamble y Strickland (2012:37), indican que la formulación de la estrategia es un esfuerzo que incluye a los administradores en diversas posiciones y niveles organizacionales. La formulación de la estrategia en ciertas ocasiones no es exclusiva de los ejecutivos de alto nivel. Asimismo establecen la tarea de idear una estrategia que implique resolver una serie de "cómo": *cómo* hacer crecer el negocio, cómo satisfacer a los clientes, cómo ser mejores que los rivales, cómo responder ante las condiciones cambiantes del mercado, cómo administrar cada parte funcional del negocio, cómo desarrollar las capacidades necesarias y cómo alcanzar los objetivos estratégicos y financieros.

La fórmula de la estrategia es una etapa trascendental pues es donde se desempeñan funciones de gran interés, es donde se adquiere la responsabilidad de idear la estrategia, David (2008) describe que es la gestión y la perspectiva estratégica es el punto clave para formular la táctica pues la idea principal de la organización se ve reflejada en ellas, cabe destacar que es necesario hacer un análisis tanto externo como interno pues así se podrán identificar las oportunidades, amenazas, debilidades y fortalezas que la organización posee para de igual manera instituir una planificación importante adecuada al entorno que rodea la organización.

Los objetivos son exactos para obtener el éxito de una organización debido a que instauran la orientación a seguir, ayudan en la valoración, crean sinergia, revelan prioridades, orientan la coordinación y proporcionan una base para llevar a cabo con vigor las actividades de planificación, organización, motivación y control. Los objetivos deben ser retadores, fáciles de evaluar, permanentes razonables y claros.

2. Como estratagema

La generación de nuevos negocios en el contexto actual obliga a ser muy innovador entendiendo la innovación como la creación de una propuesta de valor efectiva que atrae clientes. Lo más importante en la empresa u organización indistintamente de su actividad es la capacidad de generar negocio, aunque sin duda, no hay empresas maduras sino directivos y empresarios faltos de imaginación. A toda esta manera de pensar se les puede llamar a criterio del investigador, gestión emprendedora y afecta como es menester a empresarios y directivos de empresas.

Por tanto, todas estas iniciativas emprendedoras deben perseguir la estabilidad económica y social. Sin embargo, el principio estratégico aplicación de estratagema, ardid de guerra, fingimiento y engaño artificioso como medio empleado con habilidad y maña para conseguir algo.

Sobre esta síntesis, Lanier (2011) señala que "la estrategia desde el punto de vista de la gestión emprendedora, le debe mucho de su mal entendida fama a aquello que en realidad debe entenderse como estratagema". Está en realidad forma parte de la aplicación de lógica estratégica, es un principio orientador de la acción, pero en modo alguno reemplaza el entendimiento de la estrategia y mucho menos de lo estratégico.

Acaece entonces a criterio de los autores, que la gestión emprendedora como estratagema constituye la representación más importante del pensamiento estratégico, al brindarle a la estratagema una posición de privilegio entre el pensamiento estratégico. Esto sin embargo, no ha merecido el mismo aprecio y la misma atención entre los exponentes del pensamiento estratégico contemporáneo. Estos últimos han privilegiado siempre los grandes movimientos y la acción.

Estas razones, son sustentadas por Dorr (2008), cuando señala por un lado, que la aplicación de estratagemas es vital para la efectividad del estratega, es la razón de ser de la gestión emprendedora porque cada una de las acciones que se estén desarrollando se reviste de habilidad al tener en cuenta los elementos claves del proceso emprendedor. La estratagema se fundamenta en el fingimiento y en el engaño, en la desinformación o en la manipulación de la misma. La estratagema es un concreto plan de acción que únicamente se encuentra claro y tiene sentido en la mente del Estratega.

De acuerdo con ello, Méndez (2007) consideran que la estratagema "consiste en fingir que se está haciendo algo, cuando en realidad se está haciendo otra cosa, consiste en hacer creer que se está pensando una cosa, cuando en realidad se está pensando otra".

Es decir, la estratagema busca hacerle ver al oponente lo que se quiere que vea y no necesariamente lo que debería ver. Por medio de una estratagema se hace evidente la información que se quiere sea evidente, el resto no, hasta el momento en que la realidad no pueda ser revertida por el adversario.

3. Modelamiento estratégico

De acuerdo con lo expresado por Acevedo et al, (2010) el modelo estratégico, como la planeación, es una de las acciones iniciales de cualquier organización, conformado para el desarrollo de la actividad humana, en donde se entablan elementos esenciales que en la administración se conocen para prever el futuro y examinar el desempeño, con el fin de crear hábitos para la convivencia y el crecimiento de los individuos en las actividades a cumplir en la organización.

Por otra parte, Suárez (2016) afirma que el modelo estratégico tiene como fundamento crear acciones encaminadas a un planeamiento estratégico, para analizar los procesos que contribuyan a identificar elementos en la organización, con el fin de alinearlos, entre ellos: los elementos filosóficos de la organización, conformados por la misión, visión, valores e imagen corporativa, y de esta forma poder direccionar oportunidades y debilidades como estrategias factibles para implantación de nuevas acciones en el entorno.

Desde la Perspectiva de Cano et al (2008), citado por Villamizar y Pelekais (2015), el modelo estratégico es aquel que ilustra el proceso de planeación trazada, incluyendo el carácter estratégico y mercadotécnico, teniendo en cuenta la percepción de algunos autores sobre aquellos elementos que consideran importantes, para entender todo lo relacionado con la gestión de la misma (organización), y de esta forma conceptualizar la selección de variables que pueden primar; especialmente en la definición y creación de planes con el objeto de ser formulados , evaluados e implementados, entendiendo que los modelos son abstracciones de la realidad en donde se desarrolla el individuo, con el fin de develar un propósito.

Villalba (2006:75) por su parte, lo define por etapas, con un enfoque empresarial, cuya formulación de estrategias competitivas están dadas por el análisis de estructuras, seguido en su orden las ventajas competitivas, el tercero estaría sobre el modelo de estrategia a implementar. En este sentido, determina los planes direccionados por acciones que encaminen a los propósitos diseñados y pretendido por las organizaciones, que según el autor mencionado seria la cuarta y quinta etapa a implementar en la creación de un modelo estratégico.

De acuerdo Kenneth (2000), en las organizaciones su principal objetivo es alinear los procesos para alcanzar propósitos, planes y objetivos, que determinan las estrategias, de carácter esencial en la gestión y esta pueda contribuir al beneficio entre los competidores además de poder demostrar potenciales o habilidades.

Complementa lo expresado Jaramillo (2000:16) quien define las estrategias competitivas como la conducción de acciones que permiten avanzar y extender soluciones para la empresa en lo referente a la competitividad además del diseño de cómo pueden ser los objetivos con respecto a los propósitos deseados; es decir, el autor mencionado anteriormente las define como la combinación de estrategias o metas que determina a la empresa a esforzarse para llegar a los propósitos. Asimismo, le da un enfoque desde tres perspectivas, estrategias competitivas, diferenciación de enfoque y liderazgo de costo.

Finalmente, David et al (2003), definen la formulación estratégica, como aquella misión en las que se establecen los procesos desarrollados por las empresas, para determinar los objetivos necesarios que es el direccionamiento o alcance consecutivo de la organización. Por lo tanto, debe entenderse por parte de cada uno de los miembros y estar definidos por lineamientos específicos.

Del mismo modo, las organizaciones de educación superior entre los elementos filosóficos esta la misión como indicador esencial, para el desarrollo de las actividades con la finalidad de alcanzar los objetivos propuestos en los procesos y permiten identificar las fortalezas, debilidades, con el objeto consecutivo de gestiones efectivas.

4. Direccionamiento estratégico

Todas las organizaciones tienen las mismas razones para justificar su existencia: crecer, proveer un servicio o producto, generar utilidades. Es decir, definen con claridad un propósito organizacional. Sin embargo, las organizaciones tienen que ir más allá de estas razones básicas, si quieren diferenciarse en el mercado (Serna, 2012), expresado en otras palabras, haber definido su direccionamiento estratégico, el cual lo integran los principios corporativos, la visión, la misión y los objetivos globales de la organización.

Así mismo, refiere el autor anteriormente señalado, que un proceso de planificación estratégica se inicia por identificar y definir los principios corporativos. En este sentido, cada organización es única porque sus principios, sus valores, su visión, la filosofía de sus dueños, los colaboradores y los grupos con los que interactúan en el mercado son para todos diferentes. Esta diferencia se refleja precisamente en la definición, en el propósito de la organización, el cual se operacionaliza en la visión.

En el mismo orden de ideas, la misión constituye, de acuerdo con Serna (2012), la formulación de los propósitos de una organización que la distingue de otros negocios en cuanto al cubrimiento de sus operaciones, sus productos, los mercados y el talento humano que soporta el logro de estos propósitos, la visión es el conjunto de ideas generales, algunas de ellas abstractas, que proveen el marco de referencia de los que una empresa es y quiere ser en el futuro. Debe ser amplia e inspiradora y al igual que los principios y la misión, debe ser conocida por todos los colaboradores de la organización.

5. Formulación estratégica

La tarea de idear una estrategia implica una serie de "comos": Cómo hacer crecer el negocio, cómo satisfacer a los clientes, cómo ser mejores que los rivales, cómo responder ante las condiciones cambiantes del mercado, cómo administrar cada parte funcional del negocio, cómo desarrollar las capacidades necesarias y cómo alcanzar los objetivos estratégicos y financieros. También significa elegir entre diversas opciones estratégicas, la búsqueda proactiva de oportunidades de hacer nuevas cosas o hacer las mismas de forma novedosa o mejor. (Thompson, Peteraf, Gamble y Strickland, 2012).

En este sentido, Saloner, Shepard y Podolny (2011), manifiestan que si la evaluación de estrategia revela problemas con la estrategia actual de la organización, el paso siguiente es determinar qué otras opciones estratégicas tiene la compañía. Cada una de las opciones debe ser una estrategia coherente e independiente que contenga los cuatro elementos de metas a largo plazo, enfoque, ventaja competitiva y lógica.

Así mismo, Serna (2012), argumenta que las opciones estratégicas deberán convertirse en planes de acción concretos, para ello es indispensable proyectar en el tiempo cada uno de los proyectos estratégicos, definir los objetivos y las estrategias de cada área funcional dentro de estos proyectos estratégicos. Éstos, y los planes de acción deben reflejarse en el presupuesto estratégico, el cual en definitiva, es el verdadero plan estratégico.

El presupuesto estratégico debe ejecutarse dentro de las normas de la compañía, monitorearse y auditarse como parte importante de la planeación estratégica. De acuerdo con Chiavenato y Sapiro (2011), son tres los requisitos que se imponen al proceso de la planeación estratégica: objetivos, estrategias y acciones. Un aspecto crucial de este proceso, es su preparación, que debe estar a cargo de personas que interactúan y discuten entre sí, además de que intercambian ideas y negocian unas con otras, hasta llegar a una coincidencia respecto de las políticas decididas.

Tomando en cuenta lo que plantean los autores, la investigadora colige que tienen puntos coincidentes como la definición de objetivos, estrategias y acciones; sin embargo, Serna (2012) va más allá, cuando expresa que los planes de acciones deben respaldarse con un presupuesto estratégico, es decir, que asegura el recurso financiero para la ejecución de las estrategias formuladas.

El desempeño de una organización debe monitorearse y auditarse. Para ello, con base en los objetivos, en los planes de acción y en el presupuesto estratégico, se definirán unos índices que permitirán medir el desempeño de la organización. Esta medición se realizará en forma periódica, de manera que retroalimente oportunamente el proceso de planeación estratégica y puedan, por tanto, introducirse los ajustes o modificaciones que la situación requiera.

En ese sentido, la formalización de este proceso de evaluación y medición periódicas institucionaliza la auditoría estratégica, componente fundamental en la creación y consolidación de una cultura estratégica. Esta auditoría como sistema, asegura la persistencia, permanencia y continuidad del proceso, evitando que la planeación estratégica sea sólo una moda, que dura muy poco.

6. Objetivos funcionales

A partir de la declaración de la misión de la organización se plantea, con base a lo referido por los autores Chiavenato y Sapiro (2011) una jerarquía de objetivos, en la cual los más amplios, o los objetivos organizacionales o estratégicos, que consideran los resultados que se esperan de ella como un todo.

Así mismo, Serna (2012), plantea que la conjunción de objetivos globales y las estrategias que se definan para cada objetivo, integrarán para la empresa su formulación estratégica corporativa. Esta se concreta al establecer cada uno de ellos en forma concatenada. Afirma este autor, que estos objetivos son los factores integradores de la tarea de la alta gerencia y por tanto, deben reflejarse en los planes funcionales y operativos de cada unidad estratégica de negocio.

De igual manera, Chiavenato y Sapiro (2010), manifiestan que los objetivos organizacionales se desglosan en los objetivos de los negocios de las divisiones o de las unidades de negocio y éstos a su vez, se dividen en objetivos funcionales por áreas o departamentos (objetivos tácticos), hasta llegar a establecer los objetivos por equipos y personas (objetivos operacionales), creando así un todo integrado y convergente en todos los niveles de la organización.

7. Proyectos estratégicos

Los proyectos son de importancia fundamental para identificar además de las entradas y las salidas, los recursos y la información necesarias para asegurar un buen desempeño. De acuerdo con Chiavenato y Sapiro (2012) es la forma de proyectar los medios con los cuales la organización pretende producir y entregar a sus clientes, sus productos y servicios de calidad superior. Son implementados en todos los niveles de la organización.

Al respecto, Serna (2012) esboza, que los proyectos estratégicos son el resultado de analizar las opciones estratégicas y de dar prioridad a cada una de éstas, seleccionando aquellas en las cuales debe tener un desempeño excepcional como condición para lograr sus objetivos, y por ende, su misión y visión.

Desde esa perspectiva, estos proyectos deben ser explícitos en cuanto a la consolidación de las fortalezas, atacar las debilidades, aprovechar las oportunidades y anticipar el efecto de las amenazas; consistentes con los objetivos globales y la misión. Por tanto, deben apuntar hacia esos objetivos y por ende, hacia la visión, ser absolutamente necesarios y consistentes con el negocio. Así, cada objetivo debe concentrarse en uno o más proyectos estratégicos.

De igual manera, los proyectos estratégicos deben ser pocos pero vitales, no más de cinco, con el fin de facilitar su monitoria y control, y dinámicos, es decir, conducir a la acción, por lo tanto, no deben empezar con la palabra "Debemos" o "Necesitamos". En esta etapa del proceso, los responsables de los proyectos estratégicos, deberán desarrollar el plan de acción para alcanzar los resultados propuestos esperados dentro del horizonte de tiempo previamente definido.

Parafraseando a Serna (2012), es importante entonces, tener en cuenta que para desarrollar los proyectos estratégicos, se deben puntualizar las estrategias que son las actividades que van a consentir el alcance o realización de cada proyecto.

Para la selección de los proyectos estratégicos deben tenerse en cuenta: (a) La visión y la misión corporativa. La consistencia con la misión de la empresa y su contribución al logro de su visión; (b) Los objetivos corporativos, en virtud de que permiten y facilitan el logro de éstos; (c) Que señalen hacia los proyectos poco vitales. Deben apuntar hacia áreas en las cuales la empresa debe tener un desempeño excepcional para asegurar su éxito en el mercado. Son aquellas áreas en las cuales las "cosas tienen que ir muy bien".

Además, pueden coincidir con las áreas funcionales o cubrir actividades transfuncionales. Por ello, los proyectos estratégicos deben ser el resultado del consenso de la alta gerencia sobre áreas prioritarias de preocupación. Se puede plantear entonces que los proyectos estratégicos tienen relación con toda la organización y es fundamental elaborar una matriz de correlación para analizar la consistencia entre ellos, las áreas funcionales y los objetivos globales.

8. Alineamiento estratégico

El alineamiento estratégico es el proceso mediante el cual una organización construye una visión compartida y la hace realidad en la gestión diaria de la empresa. La comunicación del plan estratégico a toda la organización, logrará que los colaboradores identifiquen su responsabilidad en la ejecución del plan y se comprometan con él. Para Serna (2012) la alineación de las estrategias, los procesos, las personas y el cliente con el plan estratégico, asegurará una visión compartida. Esta es la clave del éxito estratégico.

Al respecto, Quesada (2005), plantea que es un "proceso" continuo de vinculación de los diferentes elementos de una organización hacia la estrategia de la Organización y búsqueda de una visión y misión común para todas las personas. Como un "proceso", este es susceptible de ser definido, evaluado y mejorado consistentemente. Significa sincronizar todos los procesos de la Cadena de Valor de una organización, hacia el logro de la estrategia y propuesta de valor para los clientes, empleados y accionistas.

9. Tipología

Para hacer realidad el alineamiento estratégico en la gestión diaria de la empresa, se tienen en cuenta tres tipos o categorías de alineamiento: el vertical, horizontal e integral. El alineamiento vertical es el conjunto de programas y acciones que una organización realiza para lograr que sus colaboradores conozcan e incorporen la estrategia de la empresa.

Por ejemplo la actividad que realiza una empresa para difundir su plan estratégico a toda la organización, con el objetivo de que todos sus miembros conozcan el direccionamiento de la organización; los talleres y eventos comúnmente utilizados, son estratégicos para lograr esta primera etapa de una visión empresarial compartida por todos los miembros de una organización.

El alineamiento horizontal busca compatibilizar los procesos con las necesidades y expectativas de los clientes. Para ello, las empresas definen la cadena del valor del negocio, identifican sus procesos clave y los de soporte, y los integran con las necesidades y expectativas del cliente. Señala Serna (2012) que para lograr este objetivo de alineamiento, las organizaciones revisan sus procesos, eliminan los destructores de valor y hacen reingeniería de dichos procesos. Conocer al cliente es el punto de mejoramiento de estos procesos.

En este tipo de alineamiento, cada uno de las unidades de negocio, departamentos y áreas, trabajan para lograr metas comunes o metas del sistema, aquellas que todos y cada uno, creen que son las importantes, las cuales apoyan el logro de los objetivos y metas de la Organización y contribuyen a lograr los resultados esperados. (Quesada, 2005).

Según Serna (2012), independientemente el alineamiento vertical y el horizontal no logran la integralidad que requiere la orientación estratégica de una organización. Una visión compartida sólo se logra, cuando la estrategia, los procesos, los colaboradores y los clientes, están totalmente alineados. A estos procesos se les denomina alineamiento integral. Cuando una organización hace esfuerzos en el logro de solamente uno de los alineamientos, se desgasta y no alcanzan todos los esfuerzos para tener una sola orientación y objetivo.

10. Modelamientos estratégicos direccionados al emprendimiento

Desde la perspectiva Global Entrepreneurship Monitor (GEM) (2012) en España a pesar que el emprendimiento viene en crecimiento son notables los esmeros que han conducido a nuevas ideas de negocio. Lo importante no es dejar de lado la ejecución de acciones, sino lo prescindible que está en las organizaciones y los individuos emprendedores cuenten con herramientas estratégicas necesarias para direccionar los objetivos propuestos.

Explica Ricart (2009), que el diseño de un modelo de negocio determina un conjunto de funciones que realiza la empresa, por el cual propone un plan o método que una las acciones por medio de una herramienta que proporcione esta perspectiva como es el cuadro de mando integral. Por otro lado, Burbano et al (2016), definen un modelo de emprendimiento por medio de la cadena de valor siendo un modelo sistémico, que permite visualizar la perspectiva para la toma de decisiones y así tener un reflejo del futuro de todo lo ocurrido desde las experiencias pasadas hasta las presentes, para revertirlas y contextualizarlas en las acciones futuras.

Del mismo modo, el pensamiento habitual no es suficiente para conducir los sistemas a lo largo del tiempo; es decir, los pensamientos presentes son cotidianos y simples, por lo que es necesario combinar los elementos del presente y futuro para la obtención de posibles resultados favorables.

Así mismo, el gobierno nacional con la aplicación de la ley 1014 del (2006) su principal preocupación en el momento no era la implementación del emprendimiento en las empresas, sino la construcción de nuevos lineamientos que contribuyan a fortalecer las debilidades con el fin de establecer actividades en la organización y determinar nuevos conocimientos por parte de los emprendedores para la estructuración de los procesos educativos.

Por tal motivo, la preocupación del Estado como tal, no es solo la inmersión del emprendimiento en la formación del sector educativo sino la forma de cómo pueda llevarse a cabo en la aplicación de las funciones, de tal manera que fomente un direccionamiento de un modelo a través del uso de estrategias, que aporten acciones sistémicas y alineadas a lo pretendido de acuerdo a los procesos de las IES.

Por lo tanto, el gobierno implementa por medio de la creación de fondo emprender, cuya finalidad es aportar recursos a aquellos individuos que posean ideas empresariales, con el propósito de emanar recursos financieros para apoyar el proyecto innovador como propuestas presentadas por los emprendedores, los cuales visionan situaciones de oportunidades en el entorno.

Capítulo VI: Recorriendo el camino metodológico

La investigación refleja la posición del investigador en su representación y origen de ideas, la cual se fundamenta en la epistemología, en lo que establece postura por medio de un contexto, descrito a través de preguntas y respuestas a las situaciones presentadas en el problema desde un estudio científico.

En este sentido, requiere de una perspectiva metodológica, considerando argumentos diferentes en los distintos elementos del entorno social y las personas dentro de la organización, quienes son los que determinan las técnicas y análisis de los datos obtenidos con el fin de establecer los procedimientos, para contextualizar de manera explícita el conocimiento.

En los estudios epistemológicos, es el direccionamiento de una posición con el fin de establecer la acción cognitiva asociada a la capacidad del individuo en la determinación de generar conocimientos por parte del investigador dando un enfoque que involucre desde lo personal hasta lo cognitivo para el avance del estudio. Dadas las orientaciones epistemológicas, que describe la perspectiva Gnoseológica y ontológica del investigador.

En este orden de ideas, Parra (2005) define que el conocimiento nace a partir de la interrelación entre lo investigado y quien investiga; la cual genera conocimiento para hacerle inmersión a la realidad presentada que es objeto de estudio para comprender su subjetividad e intersubjetividad, obtenido por los medios e instrumentos utilizados, cuya finalidad es conocer las realidades humanas en los entornos como es el positivismo y el post-positivismo.

Siendo importante resaltar que la investigación nace de la realidad observada, al permitir analizar el modelamiento estratégico como plataforma de gestión en el desarrollo competitivo del emprendimiento en las Instituciones de Educación Superior, el cual direcciona los fenómenos ceñidos como influencia directa del estudio. Por lo tanto, la investigación comprende la interacción de las situaciones entre el objeto de estudio en lo referente a analizar el conocimiento, creencias y cultura, desde una posición, permitiendo comprender la postura de la persona, objetividad y subjetividad del estudio, además de visualizar las distintas aristas del conocimiento, mediante las experiencias que obtiene el personal.

De lo expresado se evidencia que esta investigación es de tipo cualitativo, con un enfoque postpositivista de carácter fenomenológico, hermenéutico, en donde prima la ontología; ya que circunda el ser en la investigación como tal en los entornos, con análisis profundos para tratar de determinar la verdad de las acciones conducentes a cumplir en los propósitos establecidos, para el desarrollo de una cultura de emprendimiento apalancada en un modelamiento estratégico. Diseñada en ciertas etapas llamadas momentos, los cuales son elementos esenciales que permiten fortalecer el estudio, a los fines de alcanzar los propósitos trazados.

Fundamentando lo expuesto con lo afirmado por Arias (2008), cuando señala que el direccionamiento post-positivista se centra en la comprensión y descripción del sujeto, el cual se preocupa por las realidades existentes de los individuos en las organizaciones para develar los significados implicados en las acciones, creencias, motivaciones, entre otras características como hecho no observable que es directamente susceptible de experimentación. En este orden, la investigación comprende la interacción de las situaciones entre el objeto de estudio en lo referente a analizar el conocimiento, creencias y culturas desde una posición, permitiendo comprender la postura de la persona y la objetividad y subjetividad del estudio, visualizando las distintas aristas del conocimiento mediante las experiencias obtenidas por el personal.

De acuerdo a Sandin (2003), define el post-positivismo como hechos sociales de carácter holístico e interpretativo, los cuales asumen los roles del entorno siendo elementos de significado para la interpretación de comportamientos sociales, es decir, el ser humano determina su conducta humana en los contextos sociales y origina sus causas de acuerdo a las acciones atribuidas a la realidad, por lo tanto, permite construcciones teóricas dando lugar a una explicación causal.

Polit y Hungler (2012) citado por Mendoza y Fernández (2012), desde una perspectiva holística, los paradigmas son representados por una visión del mundo global dada la complejidad de la misma en la orientación de los interrogantes desde el punto de vista filosófico, encontrando interrogantes metodológicos.

Por tal razón, los procesos de enseñanzas se pueden determinar en diferentes formas de pensar en una sociedad del conocimiento, cuyas características, culturas y aspectos sociales inciden de forma directa en el individuo, todo esto orientado a un pensamiento investigativo.

Para León (2009), la fenomenología permite establecer una reflexión filosófica que cimienta la objetividad del conocimiento mediante métodos encaminados a reglas en las acciones para contextualizar el compendio por medio del cual se presentan las cosas, deponiendo un juicio sobre su validez e interpretaciones acerca de lo investigado. De igual manera, las fenomenologías determinan las bases necesarias para el análisis y la construcción de teorías del conocimiento, partiendo del entendimiento y la percepción del investigador para no involucrarse, haciendo subjetividad del fenómeno que le permite establecer un juicio de valor siendo crítico de manera constructiva a la realidad.

En este orden de ideas, González (2013) define el conocimiento como un paradigma epistemológico que interpreta información textual de los individuos y sus acciones en el mundo existente, es decir, la fenomenología y la hermenéutica tratan de explicar las acciones diarias, las cuales extraen los fenómenos y conceptos esenciales en la investigación.

Por todo lo anterior, lo fenomenológico desde lo hermenéutico permite crear conocimiento a partir de lo constructivo y no constructivo, con el objeto de determinar la verdad. No obstante, busca transcender por medio de la percepción del hecho puro con respecto a lo que se pretende explicar, partiendo desde lo hermenéutico.

De acuerdo a Maturo (2007), define la fenomenología donde el hombre es el ser central, la razón del entorno y de lo globalizado; es el ser con los otros, cuya intencionalidad es descubrir acciones del sujeto e ir más allá de lo trascendental, entendiendo la aceptación natural y la cultura de los individuos adquirida de acuerdo al pensamiento. El cual infiere que el hombre es la esencia del ser y circunda todo lo que rodea por medio de las acciones, determina la dirección de algo con respecto al entorno, es decir, es la interacción del ser con el ser, es la parte donde refleja la postura del hombre desde las aristas físicas, espirituales y espacio. Es la esencia de la ontología.

Por otro lado, Natativa (2012) define la fenomenología como aquellos actos o acciones que determinan la forma vivencial de las personas, es decir, la esencia misma de lo que se estudia y a donde se pretende llegar. Por otra parte, la hermenéutica trata de comprender los fenómenos o acciones incurridos por los individuos, debido a la multiplicidad de los hechos cuyo objeto es determinar las interpretaciones trasmitidas por las personas para explicar y describir los hechos.

Con respecto a la gnoseología, la define como la búsqueda de la verdad en los fenómenos incurridos explorando, describiendo lo intencionado por el conocimiento, teniendo en cuenta la percepción de las cosas desde varios puntos de vista, como es la subjetividad y la objetividad del entorno. No obstante, la construcción del conocimiento depende única y exclusivamente del investigador. Por otro orden de ideas, la Axiología es el conocimiento generado por el investigador respetando a la realidad existente, teniendo una perspectiva global de los fenómenos ocurridos.

Con respecto al instrumento utilizado, estuvo constituido por una entrevista en profundidad, a los veinticinco informantes clave, conformados por dos miembros de cada uno de los grupos de investigación, dos del centro de investigación, dos de los semilleros, 05 catedráticos y ocho docentes de planta; para recoger el sentir y las vivencias de la cotidianidad.

Capítulo VII: Resultados

Los resultados evidencian la exigencia de formular un modelo que integre las acciones que deben cumplirse para el desarrollo de una cultura de emprendimiento en la institución universitaria objeto de estudio, partiendo de la necesidad de promover la articulación entre las instituciones de educación superior, comunidad en donde está anclada y el sector productivo. De esta manera, el estudiante puede visualizar las oportunidades que el entorno ofrece, preparándose para abordarlas, de igual forma, se le facilita evidenciar cuáles son las debilidades para suplirlas, lo que contribuye a potenciar las actitudes emprendedoras.

Estos resultados coinciden con los argumentos esbozados por Bermúdez et al (2011) cuando afirma que uno de los principales temas de interés es el aspecto económico y éste se direcciona por una parte en la reproducción de capital, mediante estrategias en emprendimiento que contribuyan a los entornos. De igual forma, con lo señalado por Burbano et al (2016), quien define un modelo de emprendimiento por medio de la cadena de valor siendo un modelo sistémico, que permite visualizar la perspectiva para la toma de decisiones y así tener un reflejo del futuro de todo lo ocurrido desde las experiencias pasadas hasta las presentes, para revertirlas y contextualizarlas en las acciones futuras.

De igual forma, coinciden con lo afirmado por Gutiérrez (2015) quien asegura que en el marco de la relación Universidad, Empresa y Estado (UEE) en Colombia. El desempeño de la triada requiere un análisis profundo sobre el vínculo del sector empresarial en las instancias investigativas. Por ello, la triada implica para las partes profundizar en lo que respecta y, claramente, integrar el papel de la investigación sobre dicho acuerdo.

Por ello, uno de los aspectos a fortalecer es la internalización de los valores que promueven el emprendimiento, tales como la honestidad, solidaridad, responsabilidad, excelencia, ejemplificándolo en cada una de las asignaturas que se dictan con situaciones favorecedoras y estimulantes de un emprendedurismo estudiantil. Enseñarles cómo se hacen cambios para alcanzar rendimiento de alta productividad, a través de un proyecto concreto con algún tipo de innovación.

Por otro lado, también pudo corroborarse que las principales barreras para asumir nuevos enfoques favorables al crecimiento, generalmente descansan en el mismo emprendedor y están relacionadas con los temores para salir de un espacio seguro a una aventura, sobre todo en los países latinoamericanos, en los cuales la gente es muy arraigada a sus raíces y afectos, siendo los principales desafíos a sortear: miedo al fracaso, miedo al cambio.

Asimismo, coincidiendo con lo expuesto en el informe final del proyecto "Fomento del emprendimiento juvenil en la ciudad de El Alto", se identificó "una fuerte resistencia al cambio de tipo pasivo, éste es visibilizado como algo deseado, pero también como algo que puede tener efectos negativos en su vida ("no vives si solo piensas en tener más"), por lo cual se produce una disonancia cognitiva que podría tener un efecto inmovilizador de los recursos internos.

Nada en este mundo puede sustituir a la persistencia. El talento no puede; nada es más común que los fracasados con talento. El genio no puede; los genios no reconocidos son moneda común. La educación no puede; el mundo está lleno de perdedores que recibieron la mejor educación. La persistencia y la determinación por si solos son omnipotentes.

Calvin Coolidge

Epilogo

Los resultados esperados evidencian que debe formularse y desarrollarse de común acuerdo con las autoridades universitarias, un modelo en donde se planifiquen acciones estratégicas para lograr avanzar en un tema tan controversial como justificado en cualquier universidad, es el caso de construir una cultura emprendedora desde el modelamiento estratégico.

Por otro lado, en cuanto a propiciar un acercamiento de la institución universitaria con el sector productivo, como parte del modelo de fortalecimiento de la triada, es notable el interés demostrado por las organizaciones empresariales ancladas en los alrededores de la universidad, de participar de manera activa y protagónica en las actividades promovidas para fortalecer la cultura de emprendimiento que están iniciando y aspiran fortalecer; no obstante es necesario crear las condiciones óptimas para que esta aspiración pase de una idea a un hecho concreto.

En este orden de ideas, la investigación que generó este producto, fue enfocada en un primer momento a implementar el modelamiento estratégico como plataforma de gestión para una cultura de emprendimiento en las instituciones universitarias públicas del municipio de Soledad Atlántico. No obstante, en el transcurso del estudio se pudo evidenciar que cada una de estas categorías por si solas, ameritaba un profundo Análisis, razón por la cual, fuimos revisando con los autores consultados el soporte generado a los fines de socializar estos resultados.

Por otro lado, es importante resaltar que a los fines de garantizar que el emprendimiento como política de la institución sea exitoso, se proponen una serie de lineamientos, los cuales deben ser considerados dentro de la planificación formulada, involucrando diferentes actores clave en el proceso tales como: la comunidad estudiantil, los docentes e investigadores, Autoridades universitarias, ente gubernamental que regula el servicio educativo, comunidad y sector productivo.

Para ello se hace necesaria la utilización de recursos: tecnológicos financieros, talento humano, conocimientos científicos y empíricos, incorporando para el desempeño de la actividad, la creatividad, cultura de innovación e ingenio, por tal motivo, es relevante que las personas tengan la fuerte convicción de sus capacidades, por lo tanto, es primordial que las autoridades universitarias se involucren brindando acompañamiento y apoyo en todas las etapas del desarrollo del emprendimiento.

Otro lineamiento importante, es el establecimiento de vínculos entre las empresas y la institución, para crear estrategias de interacción que promuevan al impulso de creación de iniciativas de negocios que satisfagan las necesidades, dando respuestas a los requerimientos de la sociedad, intercambiando conocimientos, experiencias que garanticen el fortalecimiento del desarrollo de una cultura de emprendimiento con impacto económico social e innovador.

A manera de sugerencias

Generar lineamientos estratégicos adecuados a las necesidades actuales y futuras de la Institución. Para formularlos deben ser considerados aspectos tales como políticos de la universidad con respecto a la planificación estratégica y a la enunciación de indicadores de gestión, acciones que deben ser ejecutadas y responsables para cada una de las actividades a cumplir, considerando la importancia de dar respuesta a la complejidad organizativa implícita en una institución de educación superior.

De igual forma, para lograr el objetivo planteado, se requiere una revisión de la malla curricular de las carreras de manera que la cultura en emprendimiento pueda ser considerada como un eje transversal en cada una de las asignaturas que se imparten en la institución.

En función de lo planteado, se presentan los lineamientos estratégicos a los cuales se hace referencia, considerando lo afirmado por Pelekais et al (2015), quienes enfatizan en que se entenderá por lineamientos al conjunto de acciones específicas que determinan la forma, lugar y modo para llevar a cabo una política dentro de una planificación.

Constituyen también una explicación o una dirección de principios. Igualmente, es un plan o programa de acción que rige a cualquier institución. Se trata de un conjunto de medidas, normas y objetivos que deben respetarse dentro de una organización.

Lineamientos estratégicos para construir una cultura de emprendimiento en las instituciones universitarias públicas del municipio de Soledad Atlántico:

La verdadera capacidad del emprendedor y de un empresario, es el de poder hacer frente a los desafíos, que es algo constante que tendrá presente en todo momento, y sólo aquellos con la habilidad y capacidad para encontrar soluciones y alternativas, serán quienes tengan éxito, y este no será quien sigue pensando que por culpa de los demás, del medio, del estado, de la misma economía, es que no ha podido crear su empresa. (Crestani)

Propósito General: Construir una cultura de emprendimiento en las instituciones universitarias públicas del municipio de Soledad Atlántico.

Propósito específico: Implementar en proyectos de emprendimiento los conocimientos, competencias y habilidades desarrollados en los programas académicos.

Estrategias	Acciones	Dónde	Cómo	Fundamento teórico
Desarrollo humano	Formación en: -competencias básicas -competencias laborales -competencias ciudadanas -competencias empresariales -Desarrollo de capacidades emprendedoras en los estudiantes	-Sistema educativo formal -Sistema educativo no formal	Articulación con el Sector Productivo	LEY 1014 DE 2006 (enero 26) Acevedo et al (2010) Burbano et al (2016) Cano et al (2008) David (2003) Kenneth (2000) Global Entrepreneurship Monitor (GEM) (2012) Jaramillo (2000) Ricart (2009)
Crecimiento	Redistribución de los recursos	Emprendimientos informales	-Actividad familiar -Cultura de cooperación	Suárez (2016) Villalba (2006)
De mercado	-Emprender utilizando las fortalezas -Neutralizar debilidades	Mercados terciarios	-Percibiendo el contexto -Planificando alternativas -Respondiendo rápidamente -Versatilidad en las decisiones -Flexibilidad ante el cambio -Imaginación e intuición -Consiguiendo financiamiento gradual y continuo -Planificando estratégicamente	Ardenghi (2001) Ackerman & Cervilla (2007) Alemany (2011) Bermúdez. J y otros (2011) Villamizar y Pelekais (2015)
Posicionamiento	-Implementación de estrategias diferenciales -Apoyo de iniciativas emprendedoras	Mercado meta	-Innovación -Creatividad -Negociación -Alianzas estratégicas	
Prácticas	Ejercicio de creación de una empresa	Instituciones universitarias públicas del municipio de Soledad Atlántico	-Caracterización del mercado objetivo -Estudio de viabilidad -Análisis de las principales áreas funcionales de una empresa -Estrategias de implementación -Estructura del plan de negocio	
Estímulo y motivación	-Organización de Premios y concursos de emprendimiento - Publicaciones que difundan cultura emprendedora y buenas prácticas - Orientación y apoyo en la creación y consolidación de empresas	Instituciones universitarias públicas del municipio de Soledad Atlántico	-Incubación, Viveros, Parques Tecnológicos - Coaching y mentoring - Redes de intercambio con empresas consolidadas: reales o virtuales	

Referencias Bibliográficas

Acevedo. A; Linares; Cachay O, (2010), Modelo de análisis y formulación estratégica. Empleando Herramientas Matriciales, Revista de la Facultad de Ingeniería Industrial. Perú.

Ackerman, B (2007) La Catedra de Emprendimiento como Estrategia para la Creación de una Cultura Emprendedora en la Universidad VII Reunión Nacional de Currículo I Congreso Internacional de Calidad e Innovación en Educación Superior.

Alemany (2011), Aprender a Emprender, como educar el talento emprendedor Editada Fundación Príncipe de Girona/ Aula Planeta.

Allen, K. &Meyer, E. (2012) Empresarismo Creando Negocios. México: Mc Graw Hill.

Amaru, C. (2008). Administración para Emprendedores. España: Pearson Prentice Hall.

Arce, P (2012) ¿Cuáles y cuántas empresas del Sector Financiero en Costa Rica realizan emprendedurismo Social o tienen expectativas de desarrollar emprendimientos sociales y qué esfuerzos han venido realizando para alcanzarlas?. Universidad Latinoamericana de la Ciencia y Tecnología Facultad de Ciencias Empresariales Maestría en Administración de Empresas Énfasis en Gerencias de Operaciones.

Arias, F (2008) El proyecto de investigación. Introducción a la metodología científica.

Cuarta edición. Editorial Episteme. Caracas.

Barceló, G. (2007). El dirigente del futuro. Madrid España. Asociación para el progreso de la dirección

Becerra, E. (2007). La transformación universitaria y las Relaciones Interuniversitarias: Necesidades improrrogables. Paper presentado en la Universidad se Reforma IV. Caracas – Venezuela.

Bermúdez. J.; Lascaris. T y otros (2011), Emprendimiento e innovación para la construcción de un capital social. Universidad Nacional, Costa Rica.

Bonilla, L. y Sánchez, G. (2005). Emprendimiento innovador y microempresas .

Editorial UOC Business School. Barcelona, España

Brunas, J. (2006). La Universidad frente a los desafíos de la sociedad del conocimiento. Paper presentado en la Universidad se Reforma IV, Caracas

–Venezuela

Burbano, R (2016), Modelo de Dinámica de Sistemas para la Gestión de

Emprendimiento, Fondo Emprender –SENA, Valle del Cauca.

Bracho, K. (2013) "Emprendedurismo: Herramienta para la Innovación y la Competitividad". Memorias VII Jornadas nacionales y IV internacionales de investigación de la URBE. Maracaibo. Venezuela Disponible en: http://www.urbe.edu/portal-biblioteca/basesdedatos-urbe/ponencia/.

Consulta realizada el 2/6/16, a las 10:52am

Camero, V. (2008). Paradigma innovador de Liderazgo. Compilación. Madrid – España. Editorial Mc Graw Hill.

Cano, M (2008) Algunos Modelos de Planeación. Universidad Veracruzana.

México.

Cavalli Sforza, L.L. (2007) La evolución de la cultura: propuestas concretas para futuros estudios. Barcelona: Anagrama.

Cohen, E; Franco, R. (2005). Gestión Social: Como lograr eficiencia e impacto en las políticas sociales. Primera edición por siglo XXI editores, s.a. en coedición con naciones unidas. México

Cuervo, A. (2003). Análisis y Planificación Financiera. Madrid. Editorial Civitas.

Curto, M. (2012). El Emprendimiento Social: Estructura, Organizativa, Retos y perspectivas de Futuro. Cuaderno Nº 14. España: IESE Business School.

Chiavenato, I. (2006). Administración en los nuevos tiempos. Bogotá. Editorial McGraw Hill.

Chiavenato I. y Sapiro, A. (2011). Planeación estratégica. Fundamentos y aplicaciones. Edición No 2. Editorial Mc Graw Hill. México.

Chirinos, Y. (2013). Emprendimiento Sostenible como Política de Estado. URBE. Maracaibo. Venezuela Disponible en: http://www.urbe.edu/portalbiblioteca/basesdedatos-urbe/ponencia/. Consulta realizada el 30/12/16., a las 10:00am

Choi, N, & Majumdar, S. (2014). Social entrepreneurship as an essentially contested concept: Opening a new avenue for systematic future research. Journal of Business Venturing, 29(3), 363-376.

Dacin, P A., Dacin, M. T., & Matear, M. (2010). Social entrepreneurship: Why we don't need a new theory and how we move forward from here. The Academy of Management Perspectives, 24(3), 37-57

Donini, Y; Donini, J. (2012). Emprendimiento y creación de empresas: Teoría, Modelos y Casos. Bogotá –Colombia. Editorial Universidad de la Salle.

David. s/f (2003) Concepto de Administración Estratégica. Novena Edición. Editorial Prentice. Hall-México.

David, F. (2004). Administración Estratégica. México. Editorial Prentice Hall.

David, F (2008) Conceptos administración estratégica. Decimoprimera edición.

Pearson educación México.

David, N. (2008). Jefe por primera vez. Formación de liderazgo empresarial. Madrid

–España. Editora Macro.

De la Cuesta, M. y Valor,C (2003). Responsabilidad social de la empresa, concepto, medición y desarrollo en España. Madrid. Boletín Económico del ICE

Del Pilar, M (2011) Educación en emprendimiento: Fortalecimiento de competencias emprendedoras en la pontificia Universidad Javeriana Cali. Universidad Javeriana. Revista Economía, Desarrollo y Gestión

Dorr, J.M. (2008). Innovaciones Educativas y Nuevos Paradigmas. Departamento de la didáctica de Organización escolar. Nuevas aportaciones. Barcelona – España. Ediciones PPU

Drucker, P. (2010) "The discipline of innovation". Harvard Business Review. 76 Estado plurinacional Bolivia y el Programa de las Naciones Unidas para el

Desarrollo (2013). Informe final del proyecto "Fomento del emprendimiento juvenil en la ciudad de El Alto". Disponible en: https://info.undp.org/docs/pdc/.../BOL/Informe%20Final%20BOL%2087104. docx

Evans, L (2012) Integrating Business Unit Strategies Into a Synchronized Corporate Strategic Plan. Recuperado de: http://blog.vistage.com/business-strategy-   and-management/integrating-business-unit-strategies-into-a-synchronized- corporate-strategic-plan/, fecha 26 de mayo 2016.

Fernández, R (2009) Administración de la responsabilidad social corporativa.

España. Editorial internacional Thompson Ediciones.

Formichella, N. (2009). Entrepreneurship Education: empirical findings and proposals for the design of entrepreneurship education concepts at universities in German-Speaking countries. Journal of Entrepreneurship Culture.

Francés, A. (2006). Estrategia y Planes para la Empresa- con el Cuadro de Mando Integral. Pearson-Prince Hall. México.

Frixone, J (2012) Factores calve de éxito desde la óptica de los emprendedores de negocios. I Foro del emprendedor. Universidad Andina Simón Bolívar. Ecuador.   Disponible   en: http://www.uasb.edu.ec/UserFiles/381/File/FACTORES%20CLAVE%20NE GOCIOS_1.pdf. Consultado el 2/12/16

Frydman, F. (2003). Cultivar el compromiso. Manual de desarrollo de fondos para organizaciones sociales. Primera Edición. Buenos Aires, Argentina

Galindo, R; Echeverría, M (2011) Diagnóstico de la cultura emprendedora en la Escuela de Ingeniería de Antioquia. Revista EIA, ISSN 1794-1237 Número 15, p.

85-94. Julio 2011Escuela de Ingeniería de Antioquia, Medellín (Colombia)

Gámez, J. (2009). Aproximación a los modelos de emprendimiento. Management, issn 0122-6681, Vol. XVIII, n.° 31, enero-junio 2009, p. 153-170. Universidad de San Buenaventura, Bogotá, D.C.

Garrido, F. (2007). Pensamiento estratégico. La estrategia como centro neurálgico de la empresa. Editorial Deusto. España.

Gatica et al. (2012). La innovación social en chile y el rol del estado en su desarrollo.

Escuela de Administración Pontificia Universidad Católica de Chile.

Gerencie. (2011). Emprendimiento. Disponible en http://www.gerencie.com/ emprendimiento.html. Consultado el 20/11/16.

Gibb, A & Hannon, P. (2007). Towards the Entrepreneurial university. international Journal of Entrepreneurship Education, Vol. 4, 73-110.

Guedez, V. (2006). Ética y práctica de la responsabilidad social empresarial.

Editorial Planeta Venezolana. Caracas, Venezuela.

Gutiérrez, J. (2015) Modelo de competencias investigativas empresariales desde la universidad, empresa y estado en Colombia. Prax. Saber)[online]. Vol.6, n.12 [cited 2017-02-20], pp.241-267. Available from:

<http://www.scielo.org.co/scielo.php?script=sci_arttext&pid=S2216-01592015000200012&lng=en&nrm=iso>. ISSN 2216-0159.

Gutiérrez, H., López R. A.M., Luis J., y Amador M., Ma. E.: "El potencial emprendedor en los estudiantes de la carrera de Contabilidad de las universidades San Marcos de Perú y Guadalajara de México–Centro Universitario de los Altos –Un análisis comparativo" en Revista Caribeña de Ciencias Sociales, octubre 2012.

Haussman, R. (2003) Venezuela´s growth implosion: a neoclassical story. En D. Rodrik ed. In search of prosperity, pp. 224 –270. Pinceton University Press.Hernández y Rodríguez (2006). Administración y Desarrollo Gerencial. Madrid– España. Editorial Granica, S.A

Hernández, C., Arano, R (2015) El desarrollo de la cultura emprendedora en estudiantes universitarios para el fortalecimiento de la visión empresarial. Ciencia Administrativa, 2015-1. Disponible en: http://www.uv.mx/iiesca/files/2012/10/04CA201501.pdf

Hisrich, R; Peters, M; Shepherd, D. (2005). Entrepreneurship. Emprendedores. 6ta edición. Editorial Mc Graw Hill. España.

Jaimes, V. (2009). Talento Humano mediante Competencias. Bogotá -Colombia.

Grupo Editorial Norma

Jaramillo, F (2003) El desafío para construir capital social en América Latina.

Caracas. Editado Norma Color Caracas. Venezuela.

Kantis, H. (2008). Aportes para el diseño de Programas Nacionales de Desarrollo Emprendedor en América Latina. Banco Interamericano de Desarrollo. Vicepresidencia de Sectores y Conocimiento Sector Social División de Ciencia y Tecnología. Notas Técnicas # IDB-TN-132

Kaplan R. y Norton D. (2004). Mapas estratégico- Cómo convertir los activos intangibles en resultados tangibles. Ediciones Gestión 2000. Barcelona España.

Kenneth, A (2000) El Concepto de la Estrategia en la Empresa. Mc Graw Hill. Klisksberg, B (2003) Capital social y cultura. Claves olvidadas del desarrollo

Caracas.

Leiva, J.C. (2009). Los emprendedores y la creación de empresas. Editorial Tecnológica de Costa Rica. Costa Rica.

Ley 1014 de enero 26 de 2006 de fomento a la cultura del Emprendimiento. Ministerio de Educación nacional, república de Colombia. Recuperado diciembre 16, 2008. http://www. mineducacion.gov.co/1621/article94653.html

Ley 1014 del (2006) Del Fomento a la Cultura de Emprendimiento. Congreso General de la República.

Louffat, E (2010), Administración Fundamentos del proceso administrativo.

Cengage learning Argentina.

Lowe, R., Marrot, S. (2012). Enterprise: Entrepreneurship and Innovation.

Routledge. Oxford.

Luengo, G. E. (2003). 'La refundación de la universidad: pertinencia y viabilidad desde América Latina'. [ITESO, México 1 Ponencia elaborada para la Conferencia Internacional a Universidade XXI, realizada el 25 al 27 de noviembre del 2003, en Brasilea, Brasil, bajo los auspicios del Ministerio de Educacao y la UNESCO]

Luna A. (2010) Administración Estratégica. Primera Edición. Grupo Editorial Patria. México.

Lussier y Achua (2009). Reflexiones y perspectivas de la Educación Superior en América Latina. Informe final. Proyecto Tuning. América Latina, 2004-2007. España: Universidad de Deusto.

Martínez Rodríguez, F (2008), Tesis doctoral "Análisis de competencias emprendedoras del alumnado de las escuelas Taller y Casas de Oficios en Andalucía. Primera fase del diseño de programas educativos para el desarrollo de la cultura emprendedora entre los jóvenes".

Melián Navarro, A., & Campos Climent, V. (2010). Emprendedurismo y economía social como mecanismos de inserción socio laboral en tiempos de crisis. REVESCO: revista de estudios cooperativos, (100), 43-67.

Membrado, J (2007). Metodologías avanzadas para la planificación y mejora de planificación. Primera edición. Ediciones Díaz de Santos Madrid. España

Méndez, R. (2007). Emprendimiento. Una estrategia de desarrollo institucional. Madrid–España. Editorial Neiva.

Mestres, L (2011) Cómo fomentar la cultura emprendedora. Disponible en: http://www.educaweb.com/noticia/2011/05/02/como-fomentar-cultura-emprendedora-4748/

Ministerio de Educación (2015). Revisión de las Políticas Nacionales en Colombia.

La Educación en Colombia. Ministerio de Educación Nacional (2011). La cultura del emprendimiento en los establecimientos educativos. Guía No. 39. Bogotá. Colombia.

Ministerio de Educación Nacional de la República de Colombia (2010). Plan Nacional Decenal de Educación 2006-2016

Mintzberg, H., Westley F. (2001). Decision making: it´s not what you think. MIT Sloan Management Review

Moenaert, C. (2010). Estrategias gerenciales para el cambio en las organizaciones.Barcelona –España. Editorial Amat Monsalve, A (2009) Emprendimiento Social Modelo de Desarrollo Alternativo.

Bogotá

Moreno, Z; Caballero, A; Bastidas, E (2010) Planificación estratégica y el cuadro de mando integral: Herramientas de gestión para mejorar la prestación de los servicios universitarios. TEACS, AÑO 03, Numero 05, Diciembre. Venezuela. Novacousky, I (2003) Capital Social y ética aplicada en Proyectos de desarrollo. Caracas.

Ohmae K. (2004). La Mente del Estratega. Ed Mc Graw Hill.

Ornelas, C; Estela, C; Contreras González, L; Silva, M; Liquidano, Ma. del Carmen. (2015). El Espíritu Emprendedor y un Factor que Influencia su Desarrollo Temprano Conciencia Tecnológica, núm. 49, enero-junio, pp. 46-51Instituto Tecnológico de Aguascalientes. Aguascalientes, México

Páez, N. y Casas, N. (2012). Emprendimiento empresarial colombiano. Editorial EAE. Santana, Boyacá, Colombia.

Parody. G (2015) Ministerio de Educación Nacional- MEN- QUALIFICAR. Impreso por Sanmartín Obregón Cía. Ltda. Bogotá, Colombia.

Pasten, F (2005) Sector de aprendizaje Educación Tecnológica. Curso 1º. Medio Pelekais et al (2015),

Pelleicer, C; Álvarez, B y Torrejón, J (2013). Aprender a emprender. Cómo educar el talento emprendedor. Disponible en: http://www.cise.es/wp-content/uploads/Aprender-a-emprender-C%C3%B3mo-educar-el-talento-emprendedor.pdf. Consultado enero 2017.

Peraza, A (2014) Propuesta de un modelo gerencial estratégico socialmente responsable basado en el gobierno electrónico. Trabajo de grado, Universidad de Carabobo. Bárbula. Venezuela.

Pérez (2011) Emprendimiento como estrategia gerencial en instituciones educativas. Memorias VII Jornadas nacionales y IV internacionales de investigación de la URBE. Maracaibo. Venezuela Disponible en: http://www.urbe.edu/portal-biblioteca/basesdedatos-urbe/ponencia/.

Consulta realizada el 2/6/16, a las 10:52am

Porras, J y Sierra, Ó. (2010). Aproximación al emprendimiento en la perspectiva de la innovación: el caso de las pymes de Bogotá D.C. Recibido: 4 de octubre de 2010. Aprobado: 16 de diciembre de 2010. Revista Gestión y Sociedad., volumen 4 Nro. 1; 43-61, enero-junio 2011, ISSN 2027-1433 Universidad de la Salle Colombia.

Posada, E (2013) Cultura del emprendimiento en centros educativos indígenas rurales de Colombia y Venezuela. Trabajo de grado. Universidad Privada Dr. Rafael Belloso Chacín. Venezuela

Quesada, G. (2005). El alineamiento estratégico, clave en la implementación del BSC. Disponible en http://www.gestiopolis.com/el-alineamiento-estrategico-clave-en-la-implementacion-del-bsc/. Resuscitat ing the Hospital Business Model» (en inglés). Consultado diciembre 2016.

Quintero, A. y Sánchez, I. (2005). El emprendimiento empresarial: una mirada desde la historia para conocer su origen y evolución. Universidad Surcolombiana. Grupo de Investigaciones Pymes. Colombia.

RedEmprendia (2014) El fomento de la cultura emprendedora y la mejora de la formación en emprendimiento e innovación. España. Disponible en: https://www.redemprendia.org/sites/default/files/descargas/InformesREDEM PRENDIA1_El-Fomento-de-la-Cultura-Emprendedora.pdf

Reis, T. y Clohesy, S. (2011). Unleashing new resources and entrepreneurship for the common good: philanthropic renaissance. New Directions for Philanthropic Fundraising, 2011 (32), pp. 109-144

Revista de Educación (2015) La Gestión Estratégica de la Educación Superior Retos y Oportunidades. Madrid España. Revista Cuatrimestral.

Ricart, J. (2009). "Modelo de negocio: El eslabón perdido en la dirección estratégica". Universia Business Review, 23: 12-25.

Robbins, S. (2005). Administración. 8va edición. Editorial Prentice Hall. México

Robles, A; Pelekais, C (2015) Emprendimiento y gerencia de los procesos organizativos. Editorial Académica Española. Madrid

Rojas, G; Quintero, L; Pertuz, V; Navarro, A (2016) Estrategias para el fomento de la cultura de emprendimiento en las universidades de Valledupar, Colombia. Vol. 10, No. 1. Revista Educación y desarrollo social. P.p 38-57

Rojas. G; Quintero. L (2015) Estrategias para el Fomento de la cultura de Emprendimiento Universidades de Valledupar, Colombia. DOI: http://dx.doi.org/10.18359/reds.1448.

Saloner, G; Shepard, A. y Podolny J. (2011). Administración estratégica. Editorial LImusa wiley. México.

Sánchez, M.E. (2008). La medición del impacto de la ciencia y la tecnología en el desarrollo social. Ponencia en el Taller de Indicadores de Impacto de la Ciencia y la Tecnología en el Desarrollo social, organizado por RICYT, Mar del Plata, Argentina, 12 de diciembre en: http://www.scielo.org.ar. Consulta: 12 de diciembre 2016.

Serna, H (2008). Gerencia estratégica, Teoría – metodología – alineamiento, implantación y mapas estratégicos. Índices de gestión. Décima edición. Bogotá D.C.

Serna, G. (2012). Gerencia estratégica. Edición No10. Editorial 3 R. Bogotá D.C. Colombia.

Schnarch, A (2014). Empoderamiento exitoso: Cómo mejorar su proceso y gestión. COE Ediciones. Bogotá.

Stoner, J.; Freeman, E. y Gilbert, J. (2006). Administración. México. Editorial Prentice Hall

Suárez, F (2016) Gestión Estratégica como agente catalizador en el Éxito Organizacional de las MIPYME. Universidad Rafael Belloso Chacín. Barranquilla Colombia.

Trias F. (2007), El Libro Negro del Emprendedor: No digas que no te lo advirtieron, Editorial Empresa Activa, Barcelona, España, ISBN: 978-849-662-72-60

Thompson, A. Gamble, J. Peteraf, M y Strickland, A. (2012). Administración estratégica, teoría y casos. McGraw Hill/ Interamericana editores S.A de CV. México.

Thompson, A. y Strickland A. (2004). Administración estratégica. Textos y casos. Edición No 13. Editorial MC Graw Hill. México

Torres Carbonell, S. (2010), "Global Entrepreneurship Monitor. Reporte gemArgentina 2009", disponible en: http://www.iae.edu.ar/pi/centros/entrepreneurship/paginas/gem_reportes.as px

Urbano, D y Toledano, N. (2011). Invitación al emprendimiento: Una aproximación a la creación de empresas. Editorial UOC. Barcelona. España

Vainrub, R. (2006). Convertir sueños en realidades. Una guía para emprendedores.·

Ediciones IESA.

Vidal, J (2012) Fomento de la cultura y espíritu emprendedor en los jóvenes españoles desde las instituciones educativas. Cartagena

Villalba, J. (2003) El arte de la guerra competitiva. Menú estratégico. Centro Nacional para la Competitividad. Ediciones IESA

www.uv.mx/iiesca/files/2012/12/modelos2008-2.pdf.

Villamizar, D; Pelekais, C (2015) Gestión estratégica de unidades de negocios como fundamento prospectivo del Sector Petroquímico. Editorial PUBLICIA. España

www.ingramcontent.com/pod-product-compliance
Lightning Source LLC
Chambersburg PA
CBHW081205180526
45170CB00006B/2223